AF422627

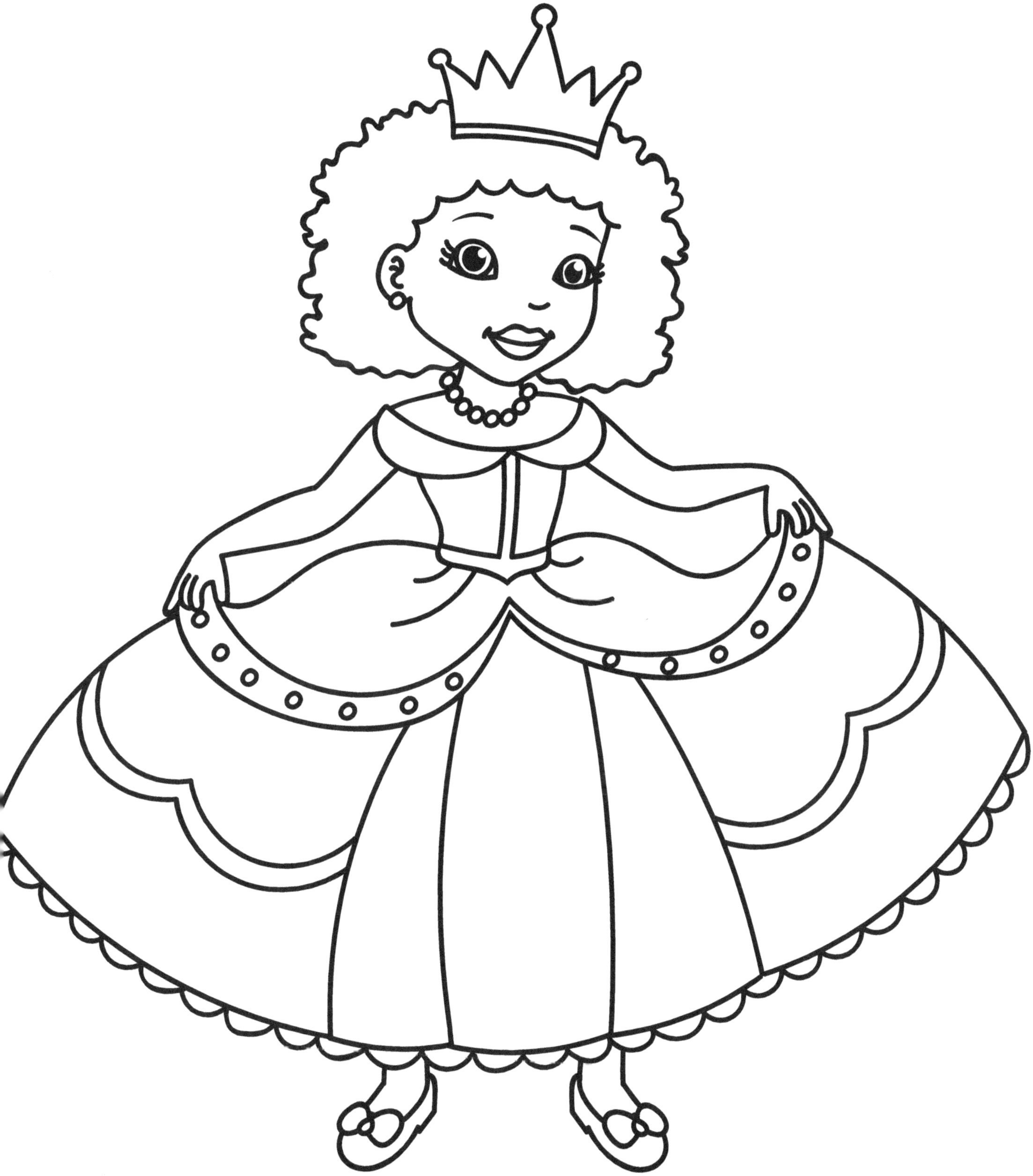

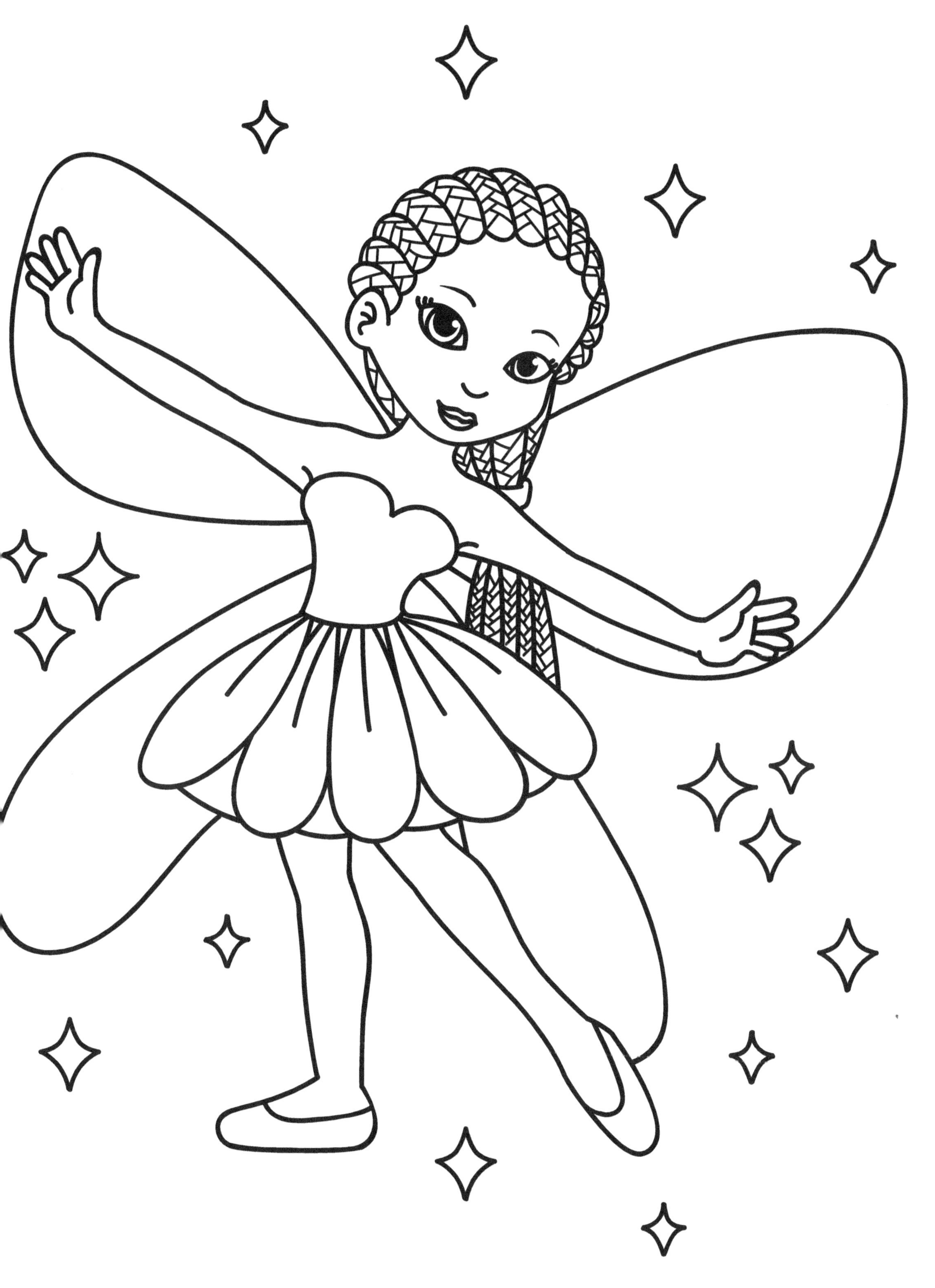

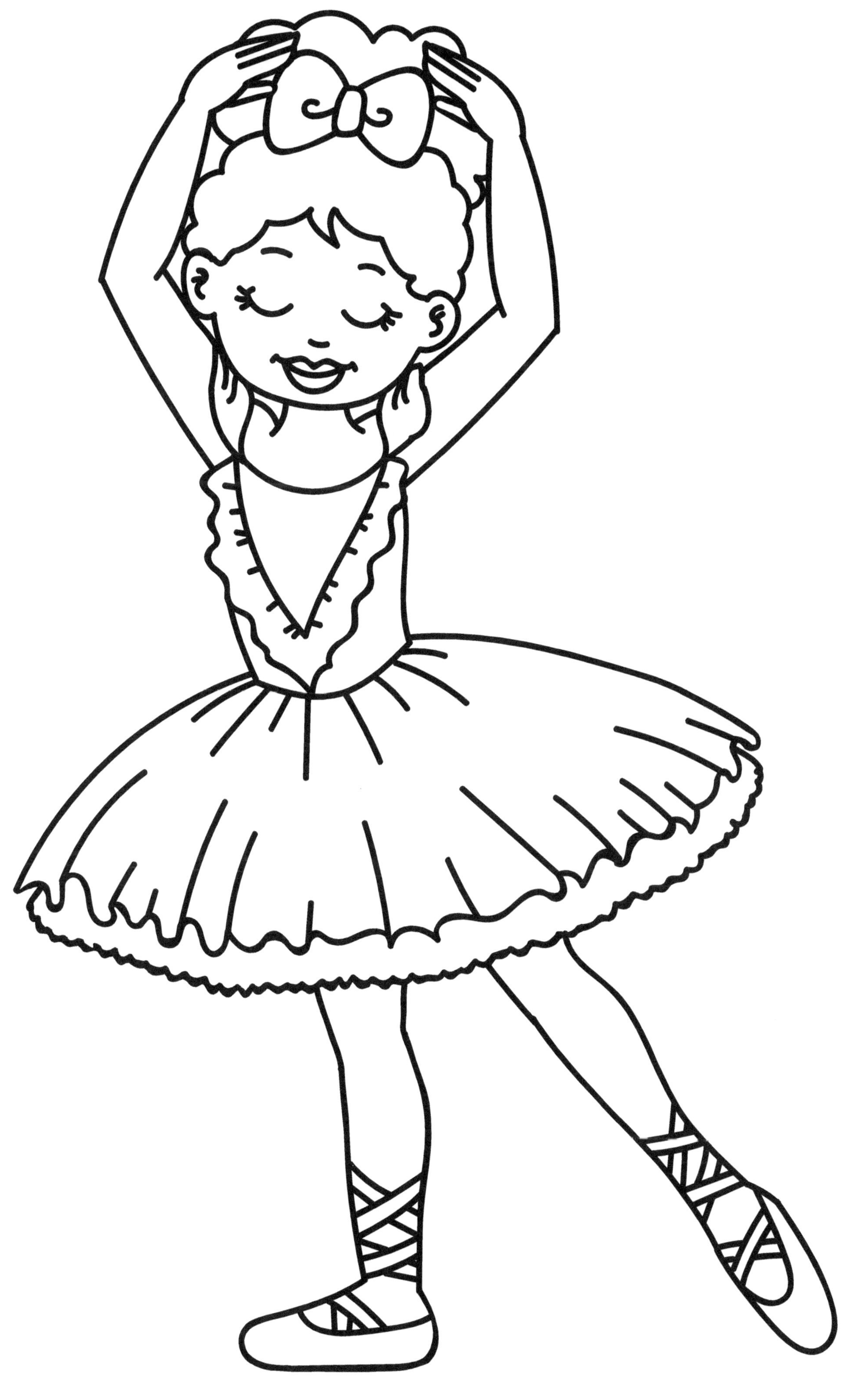

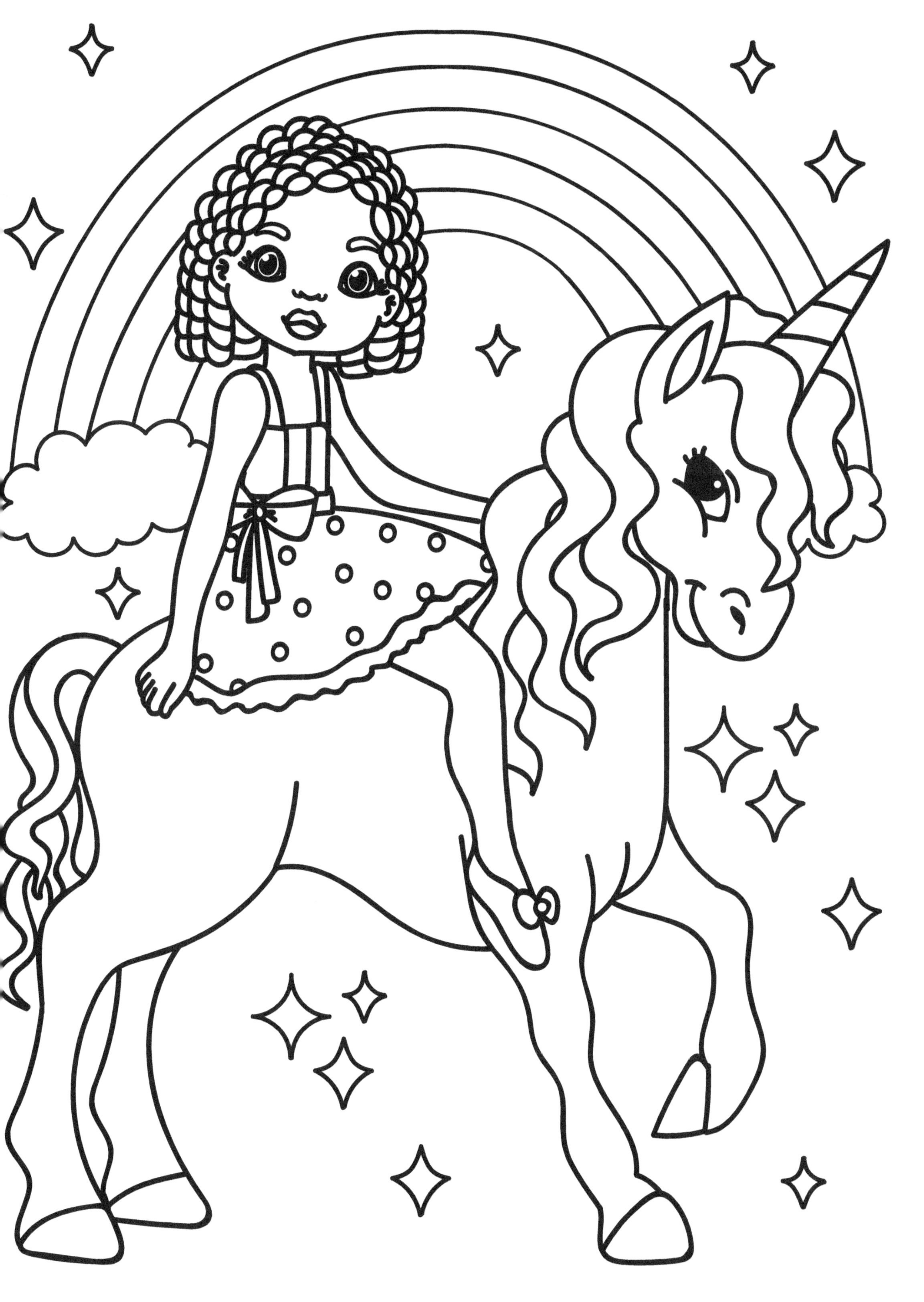

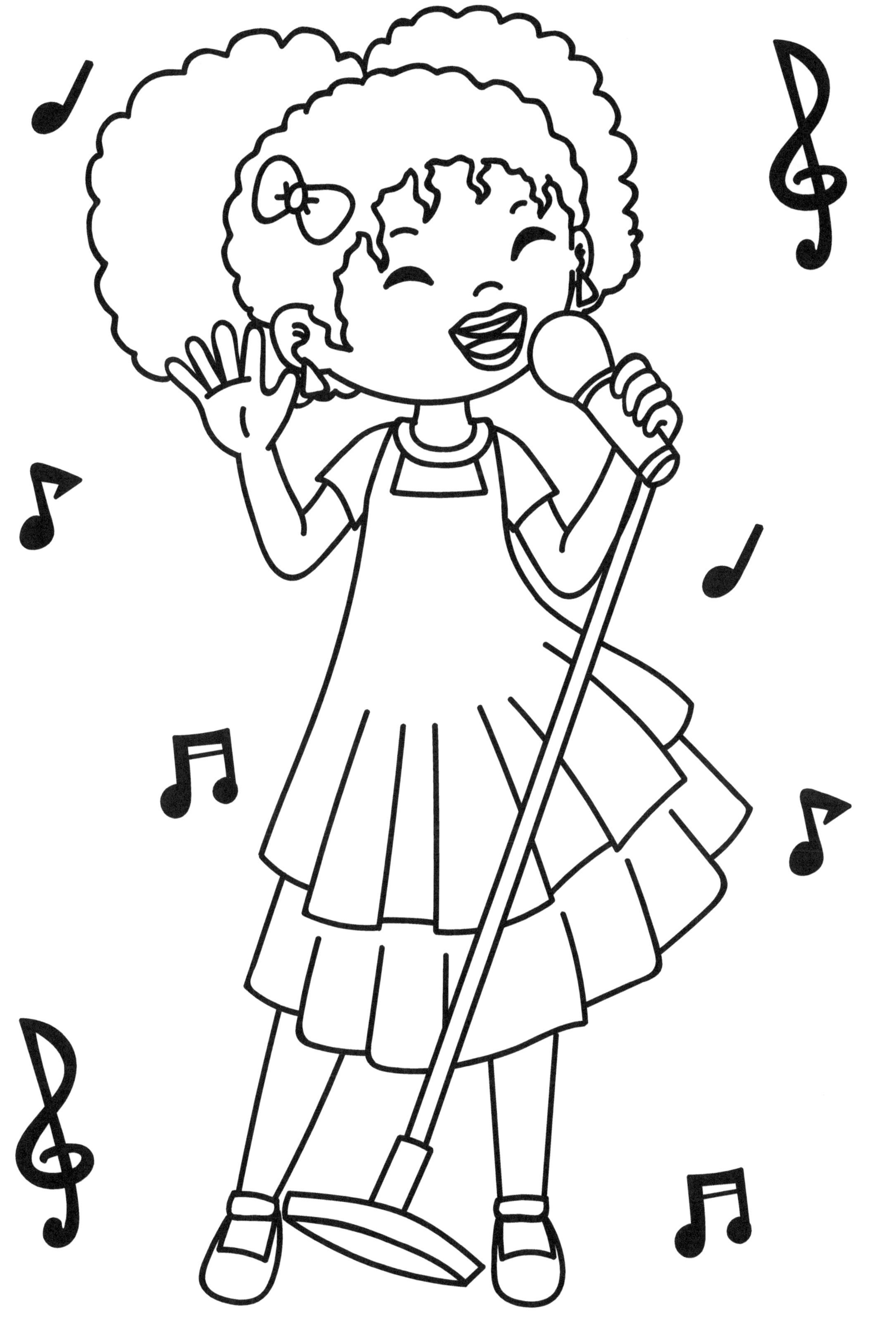

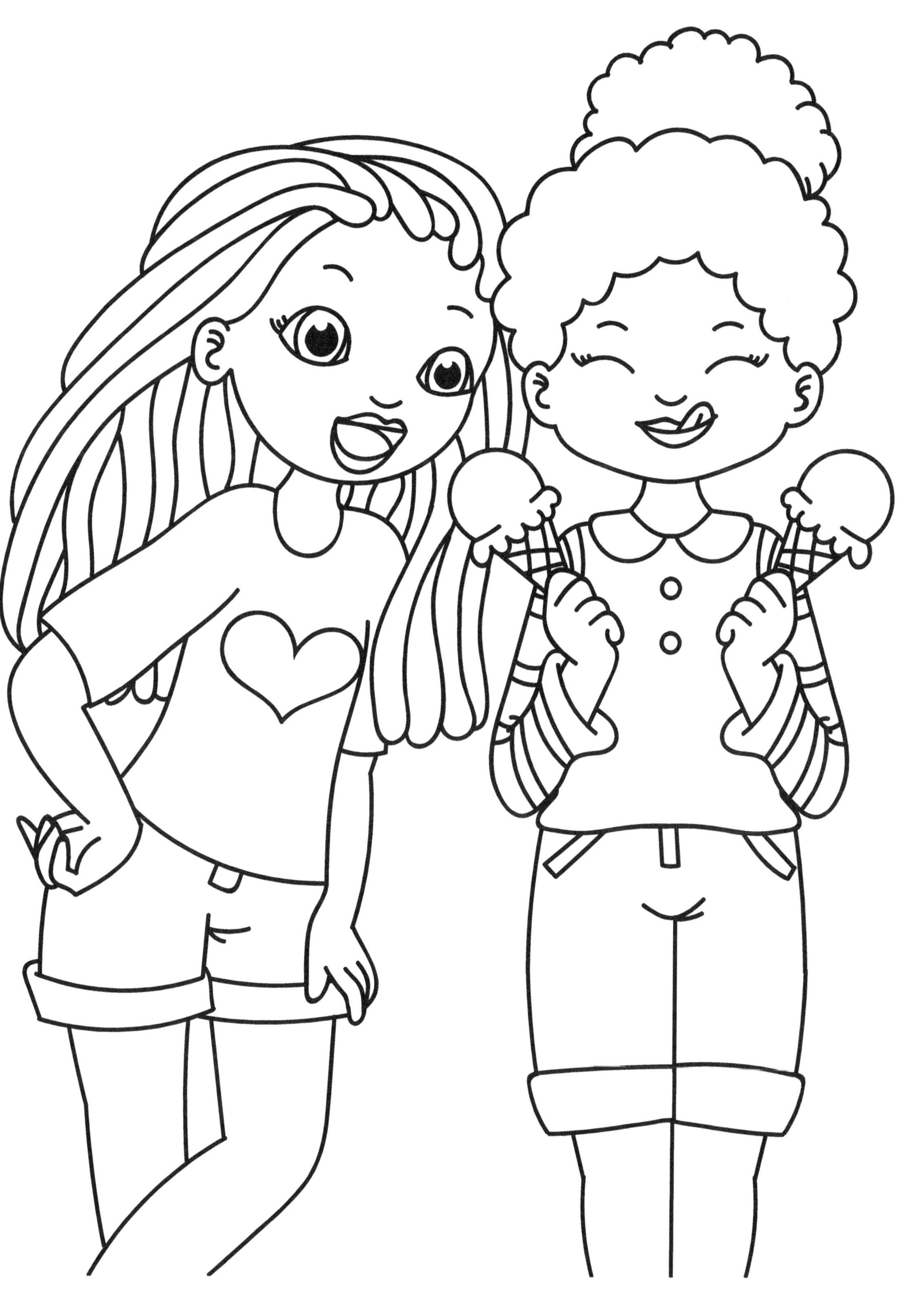

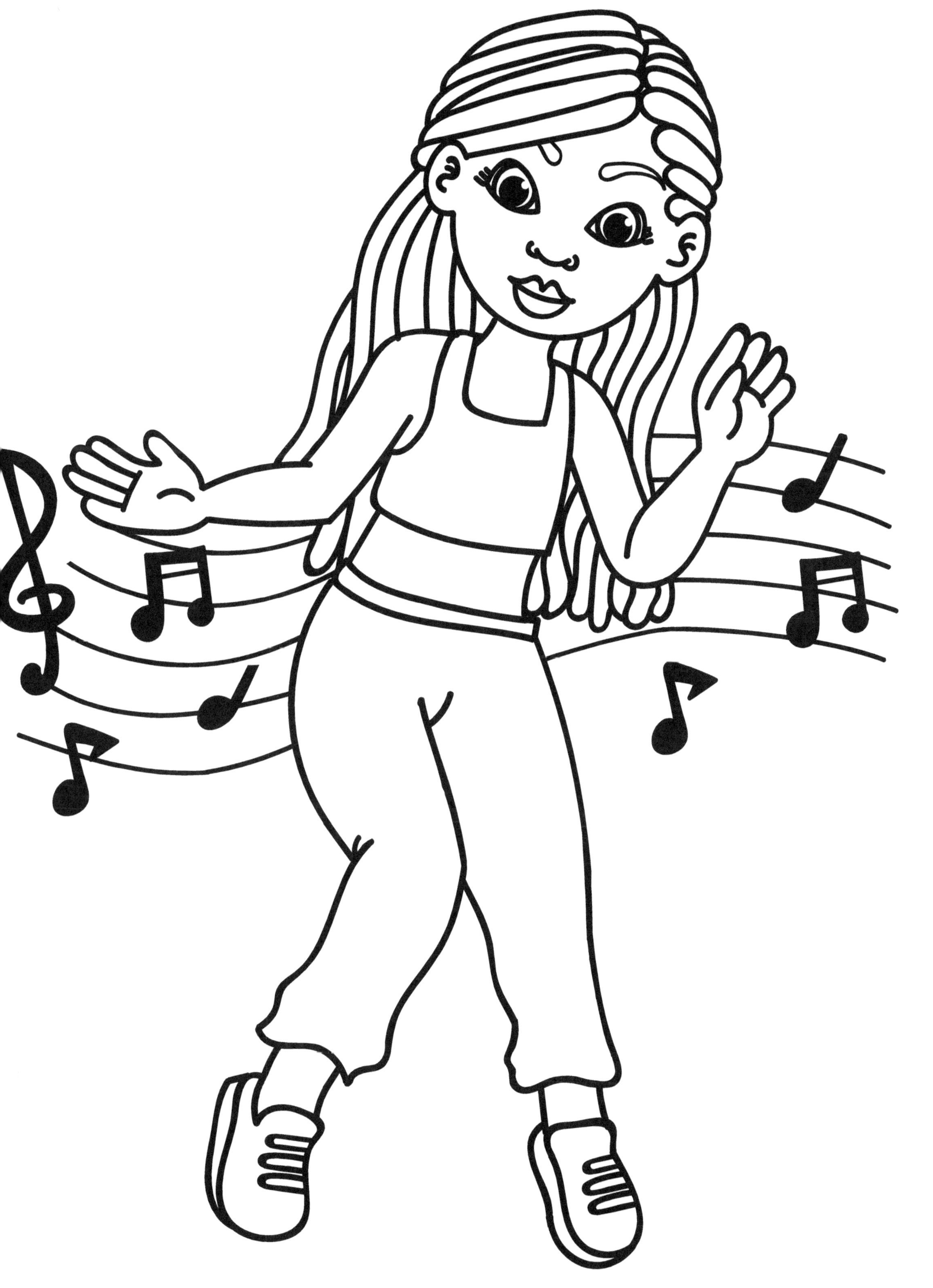

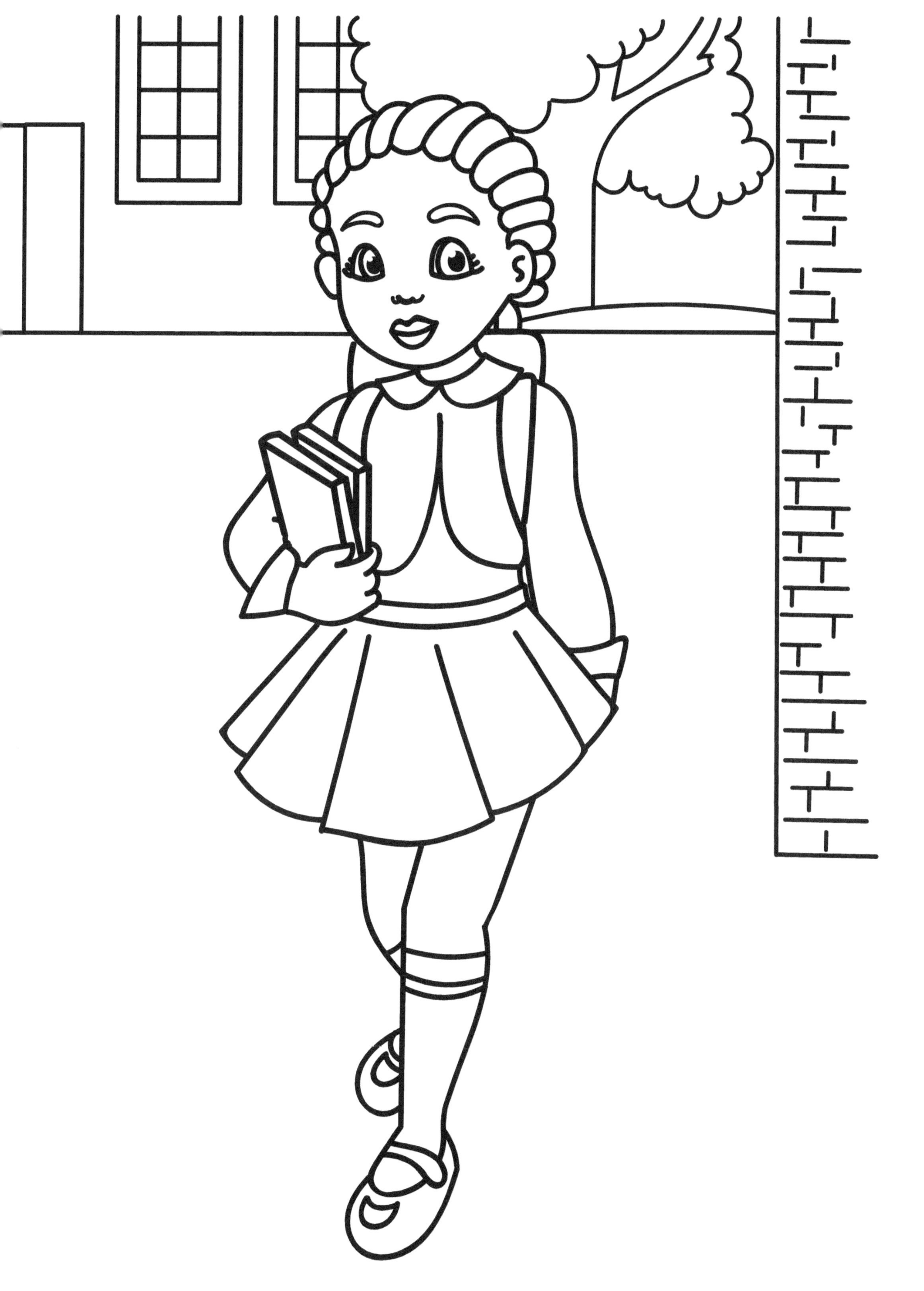

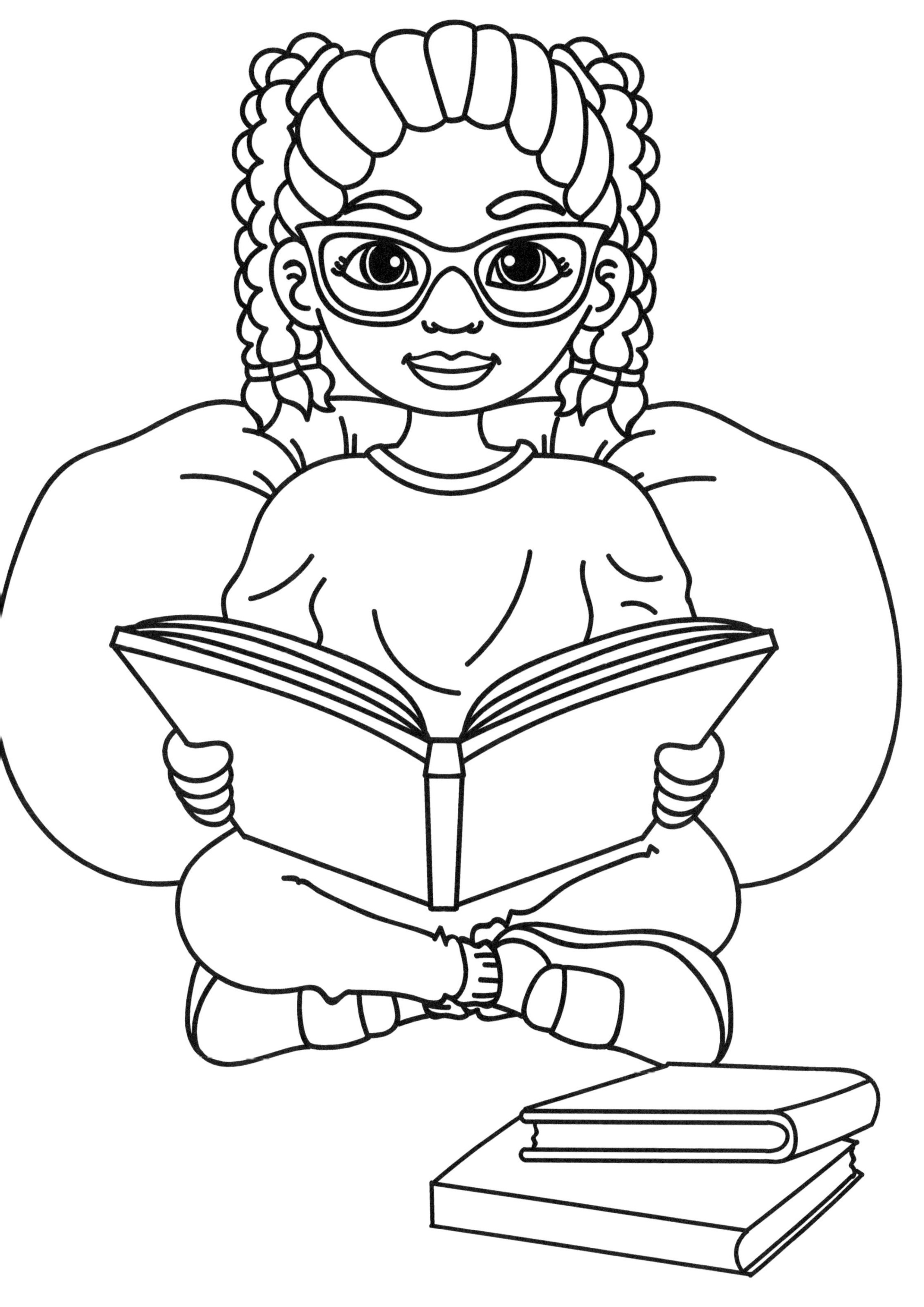

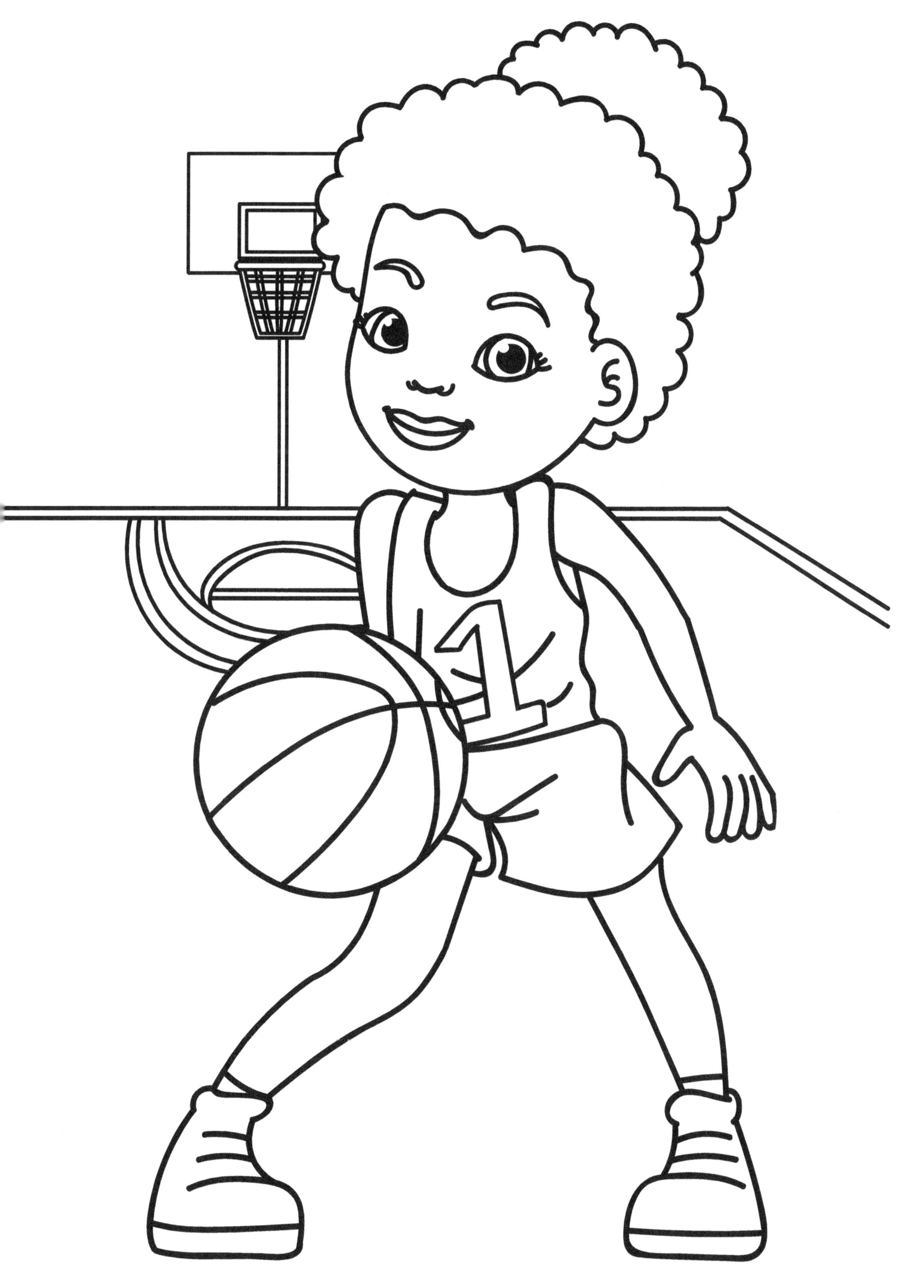

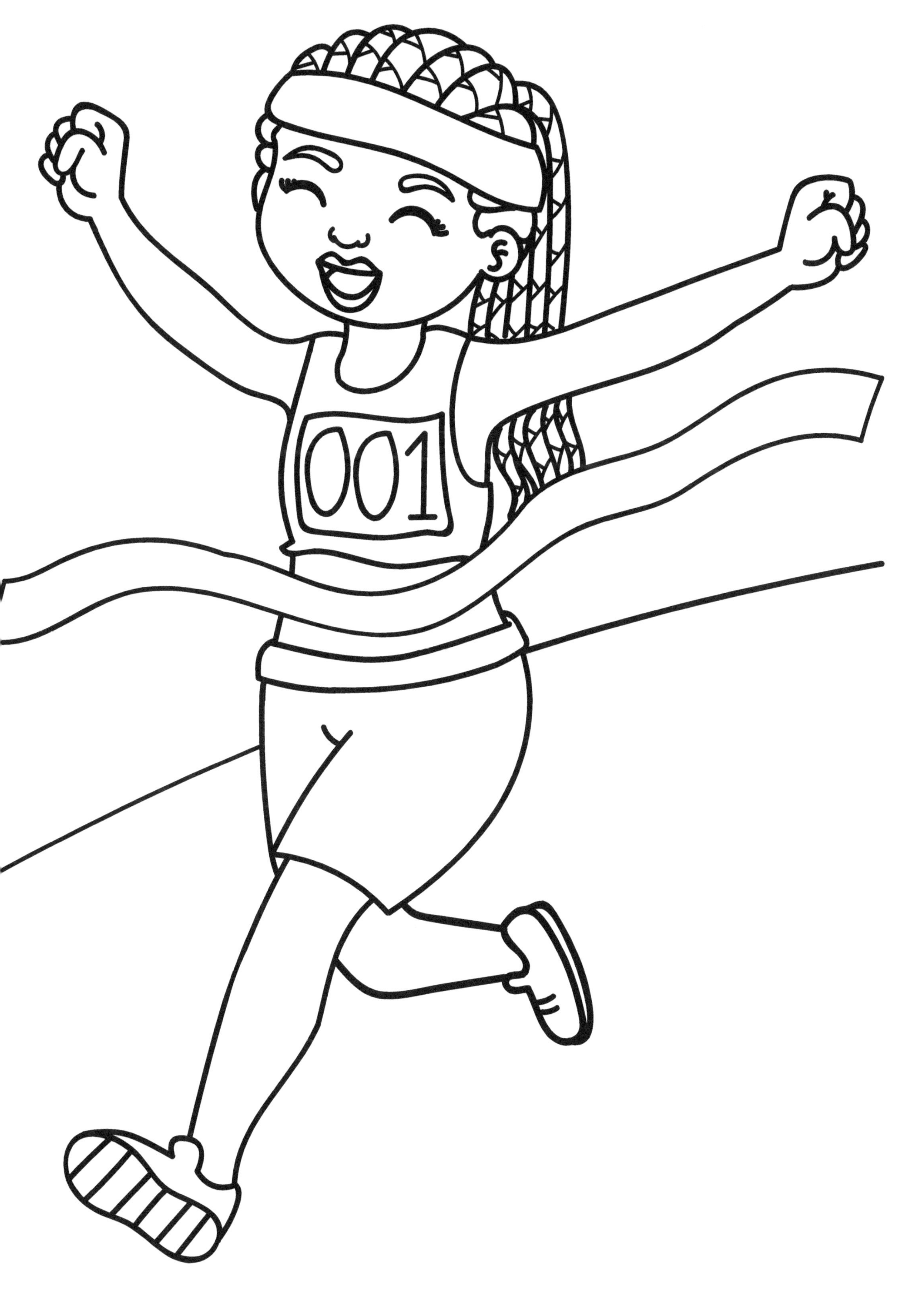
001

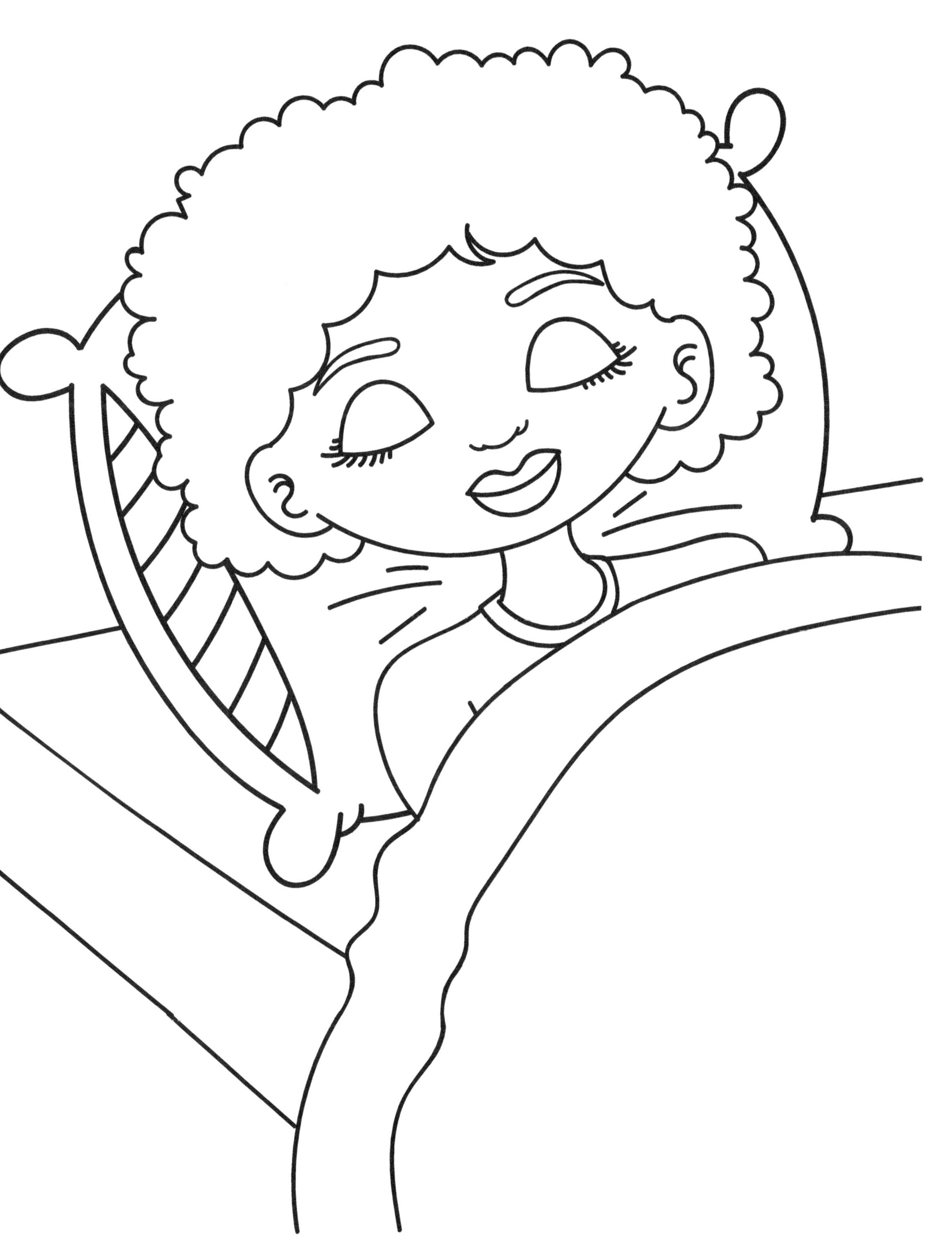

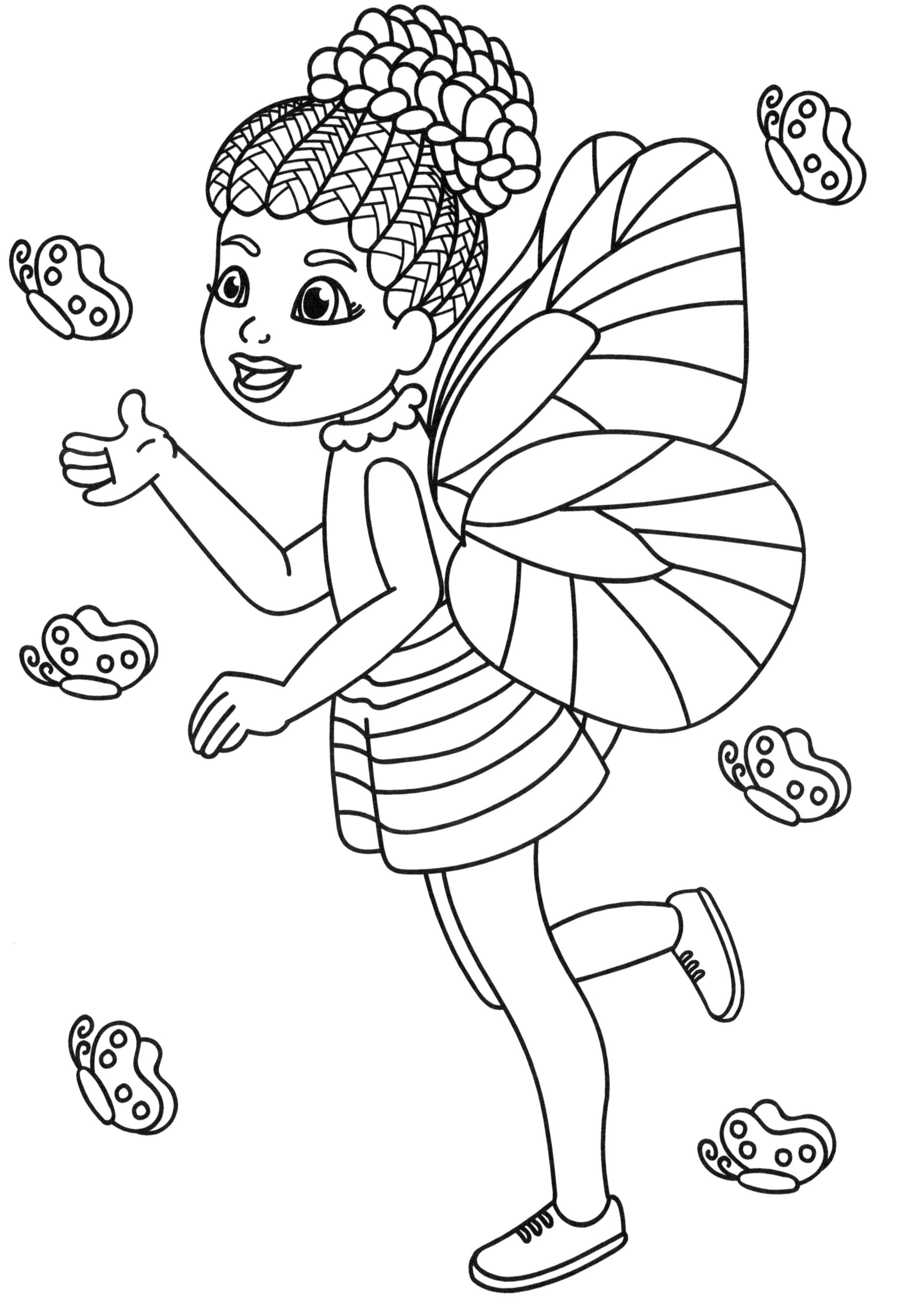

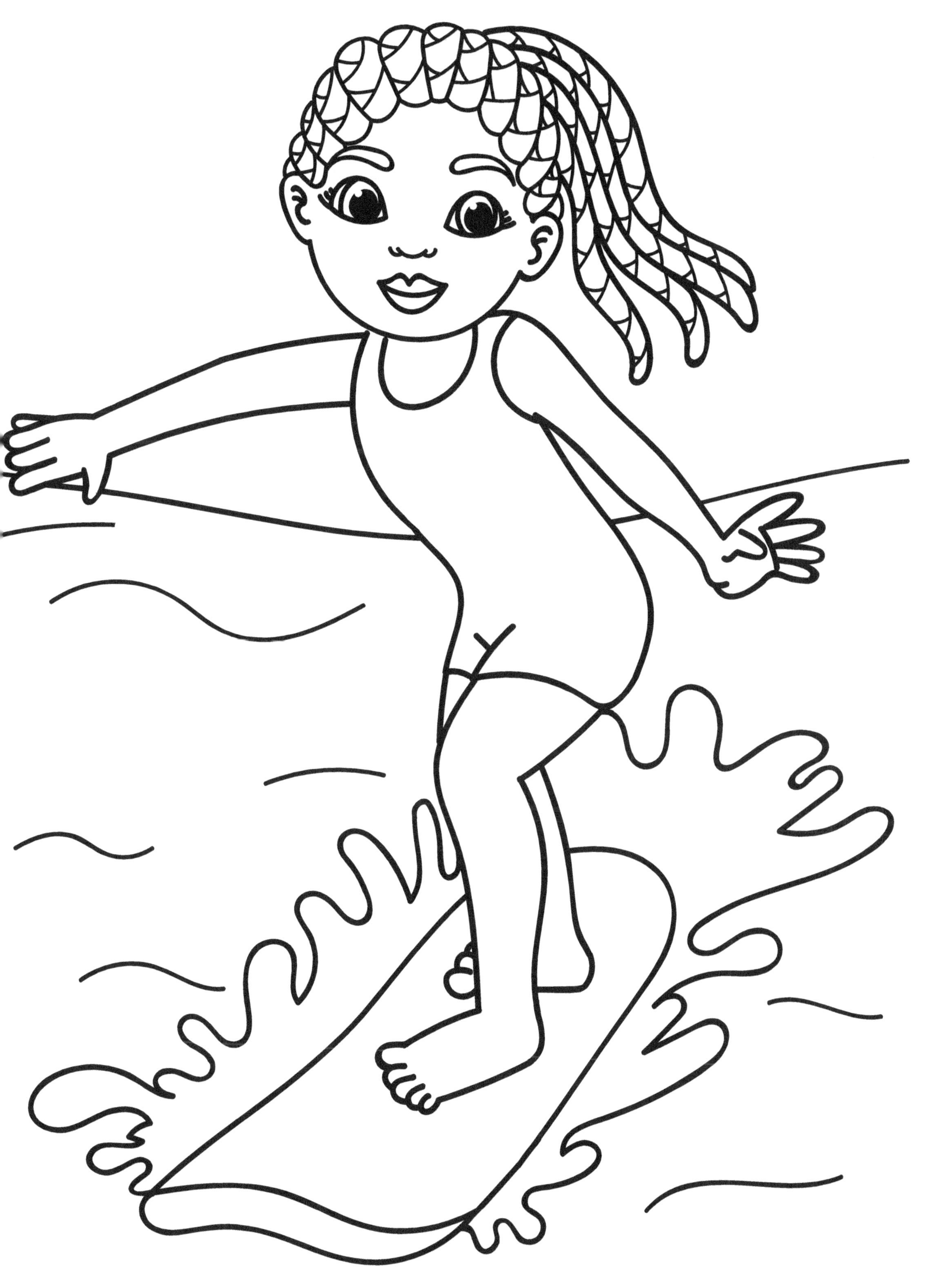

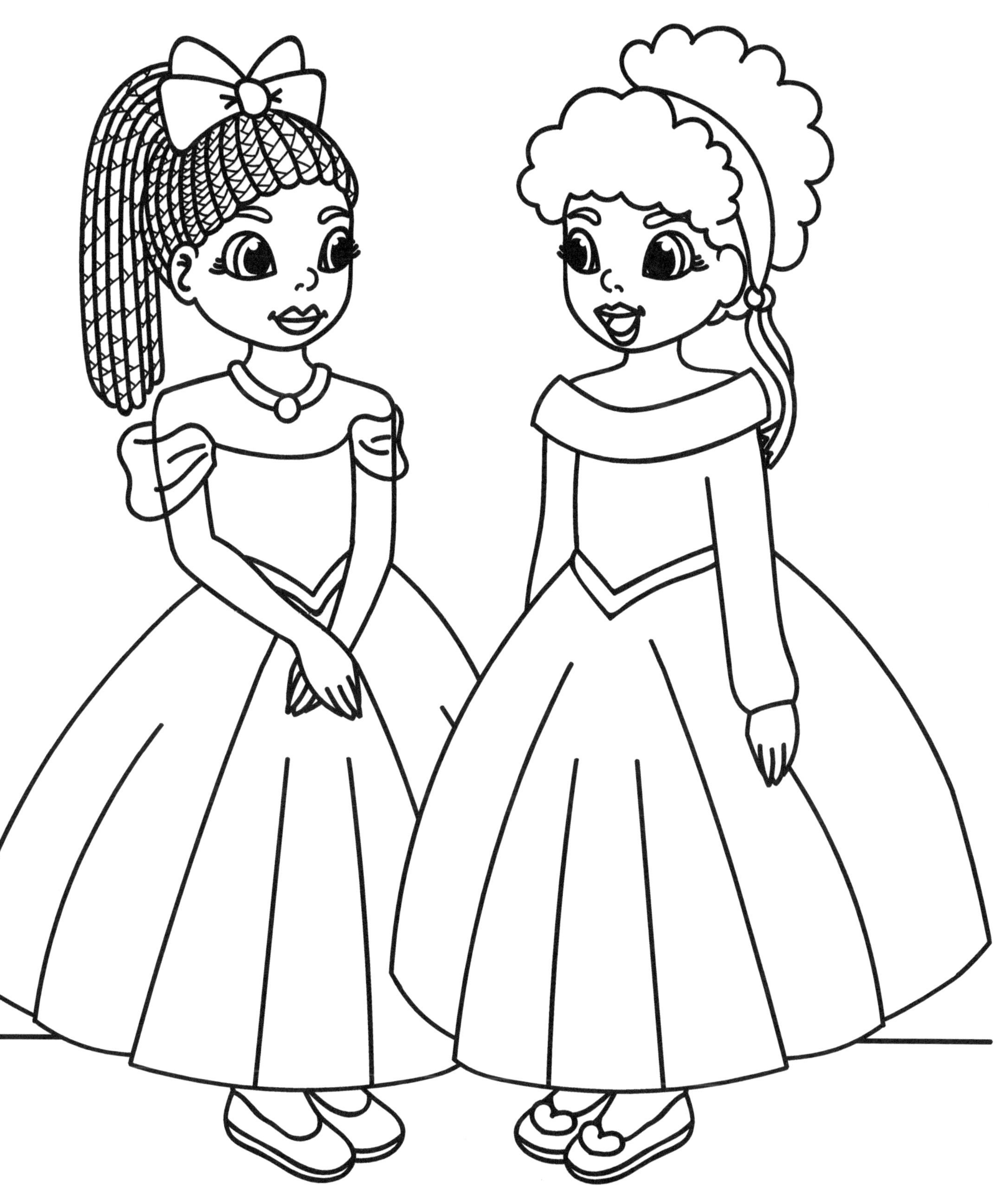

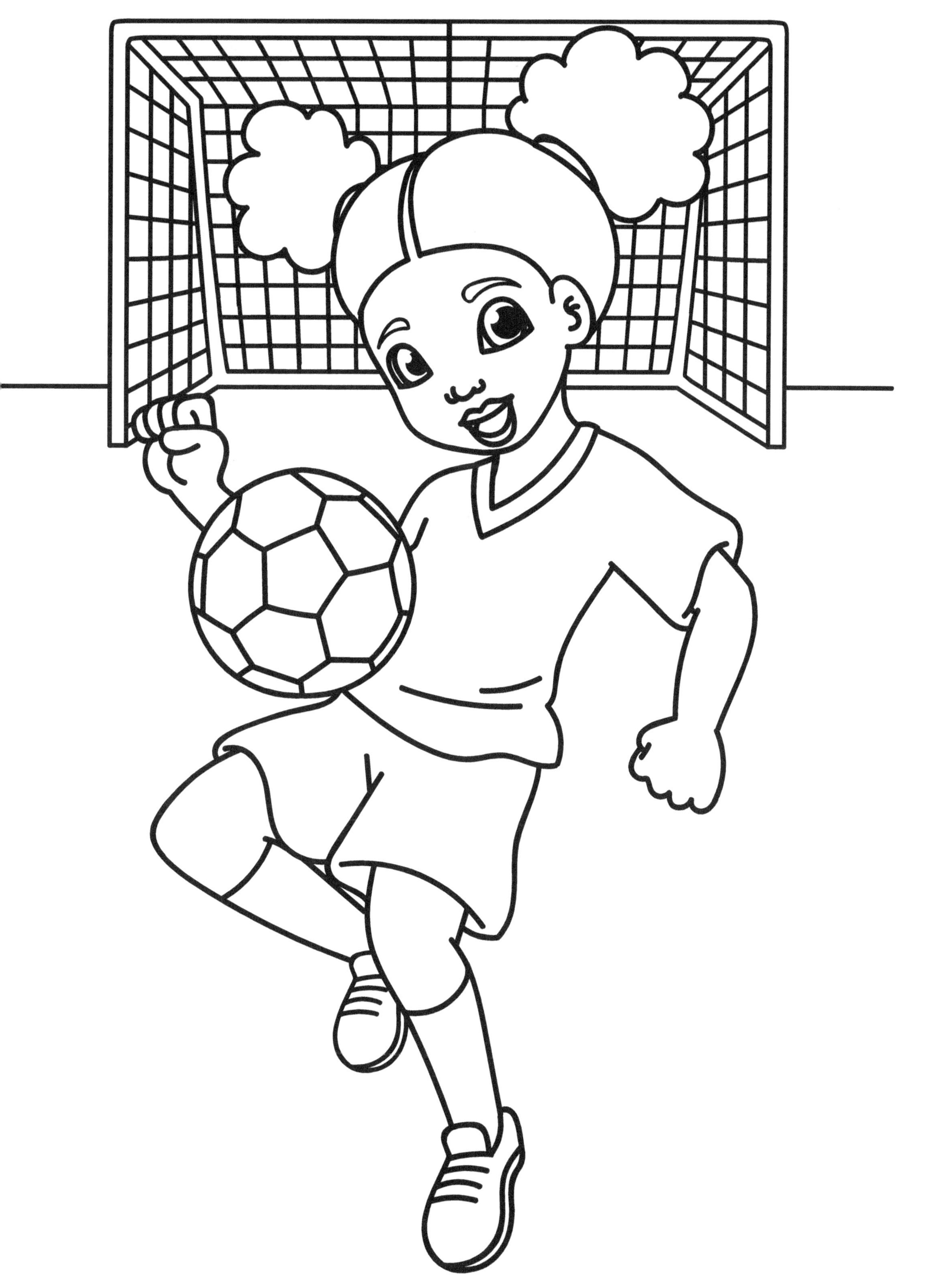

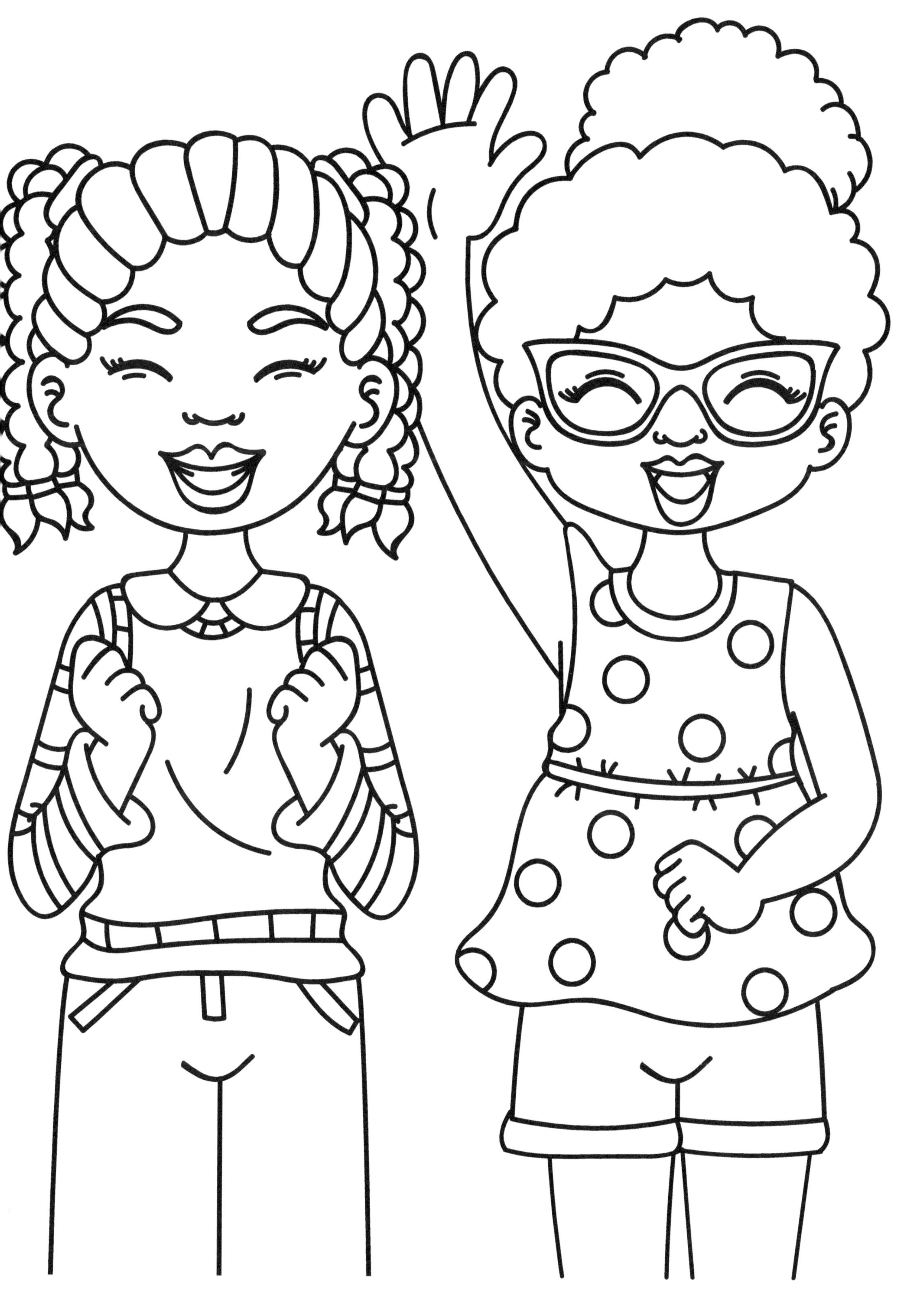

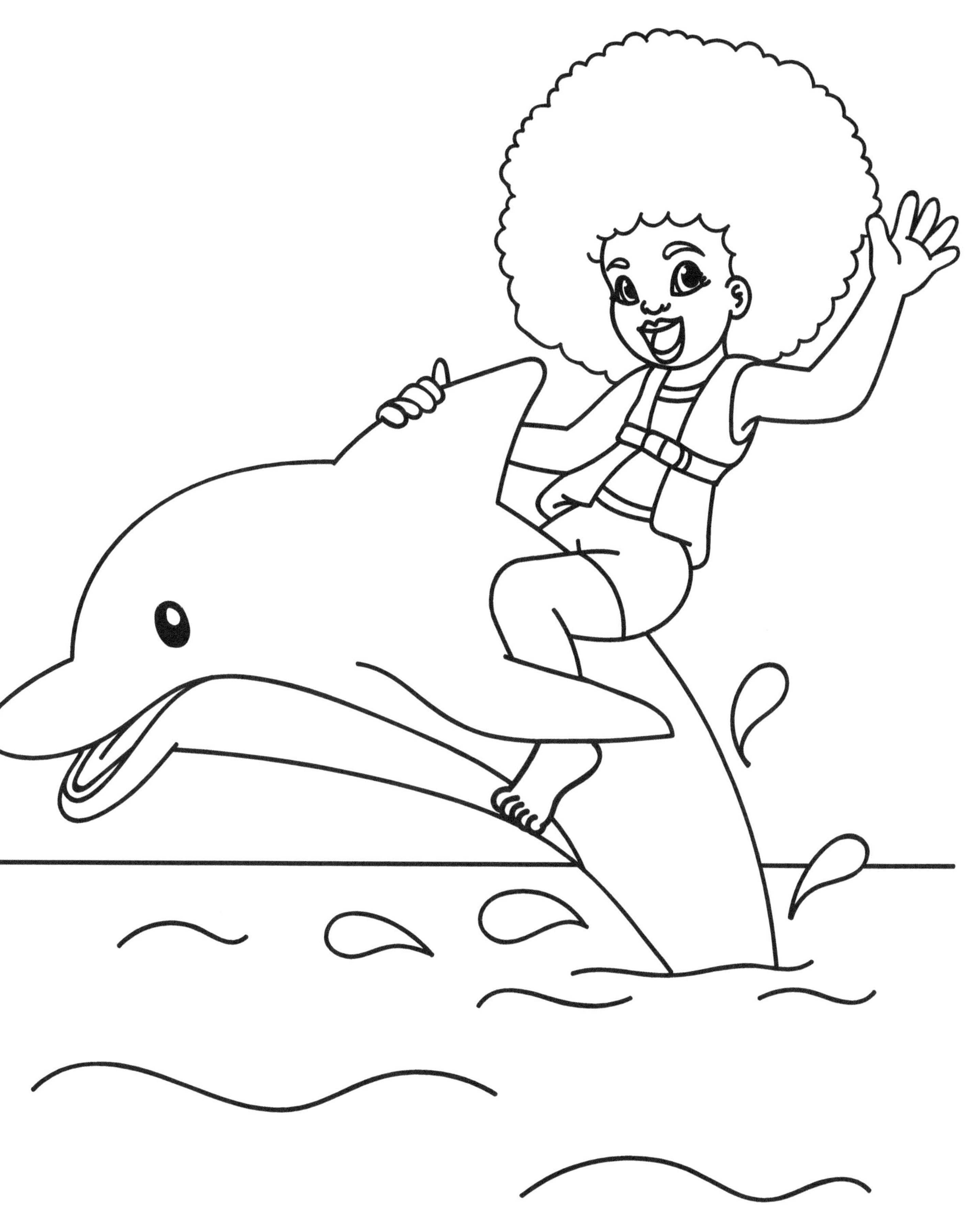

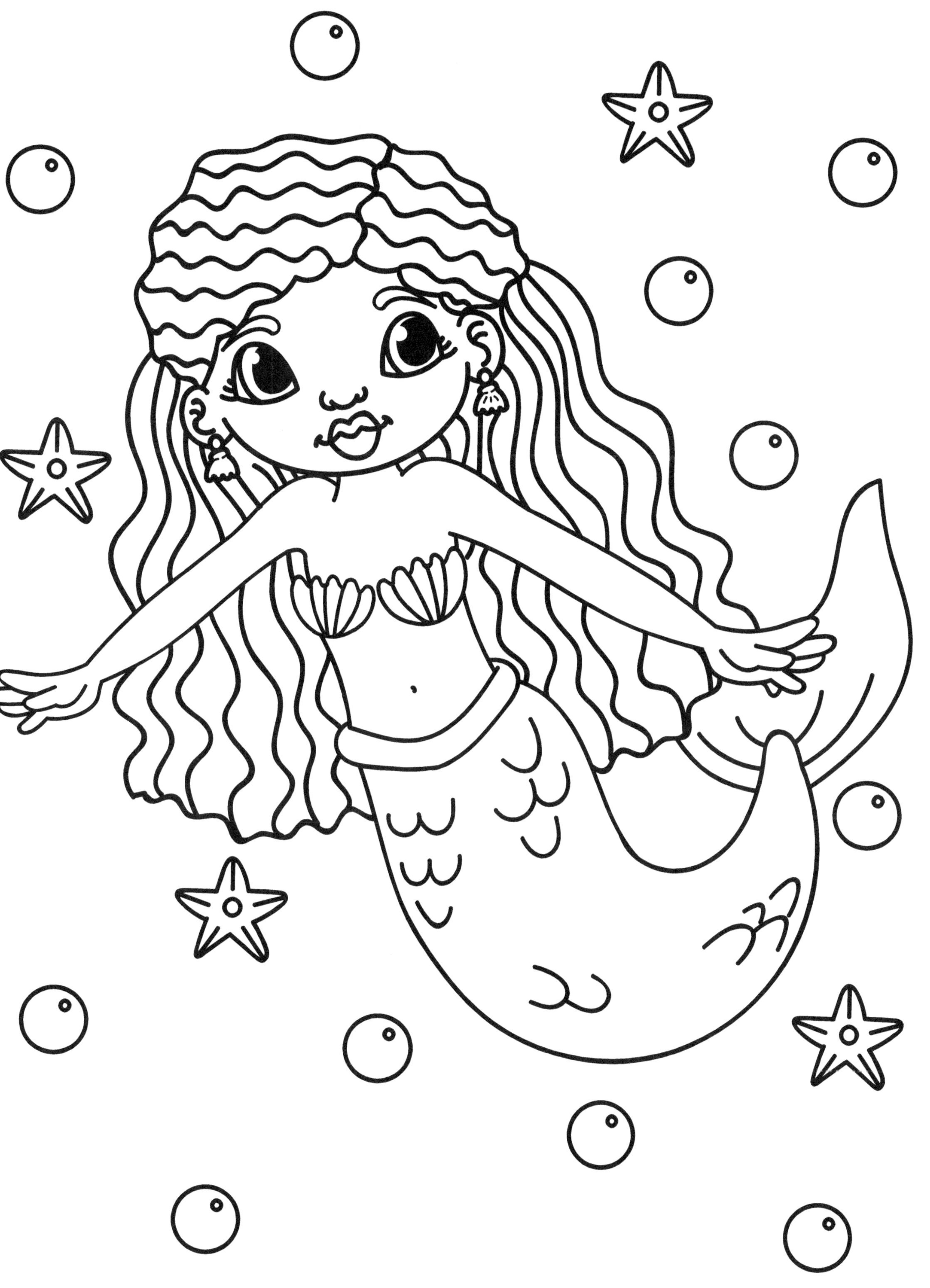

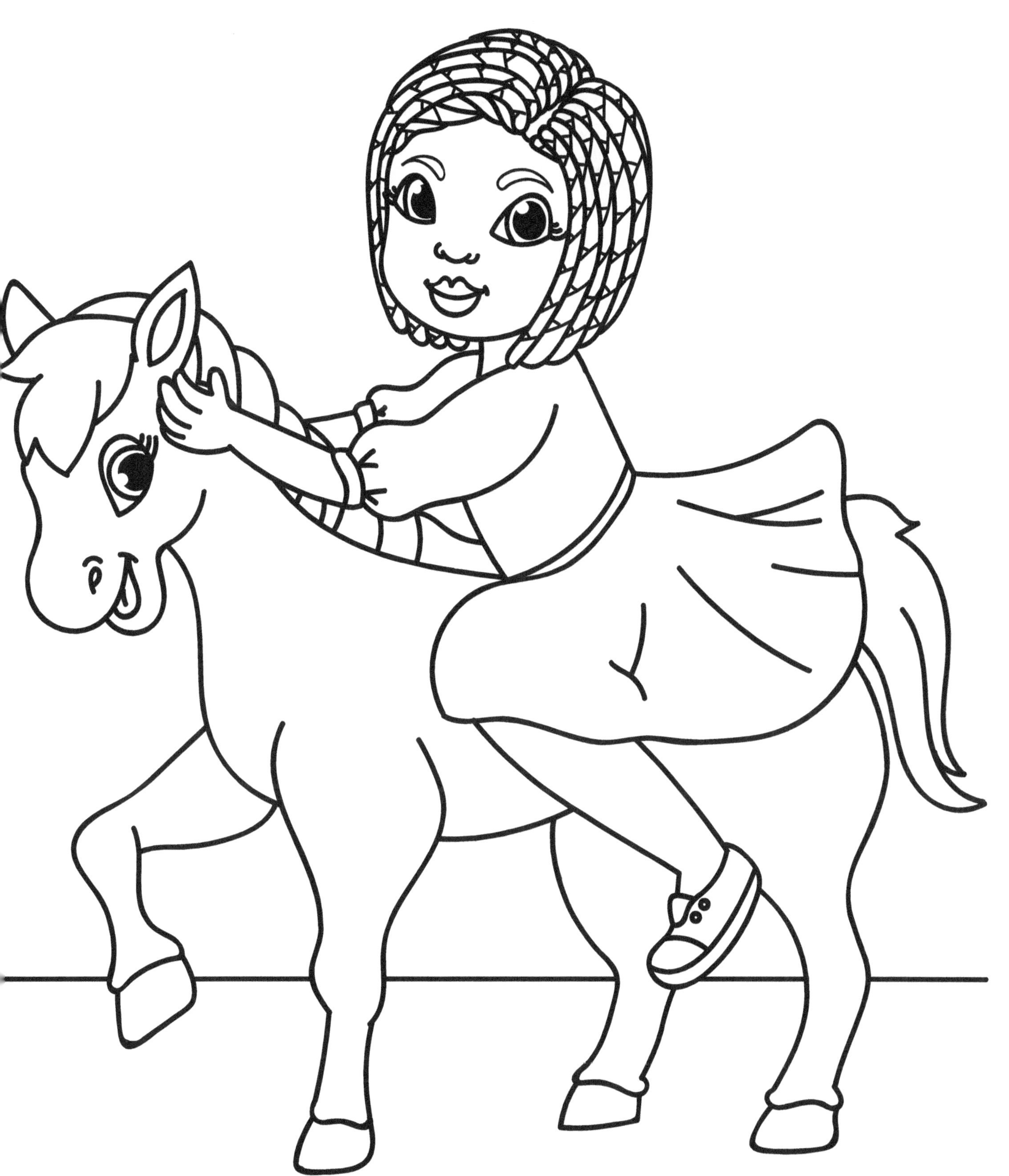

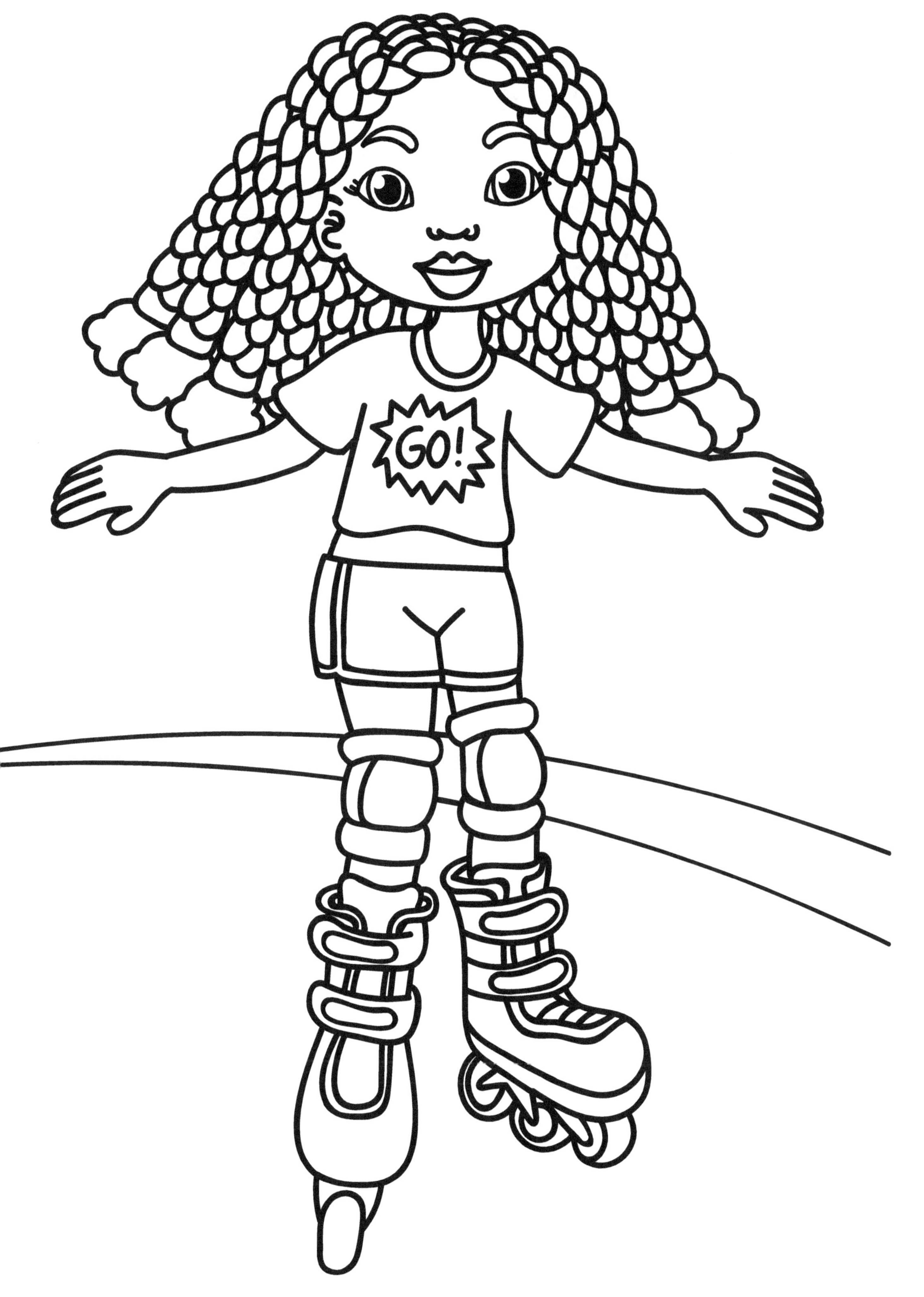
GO!

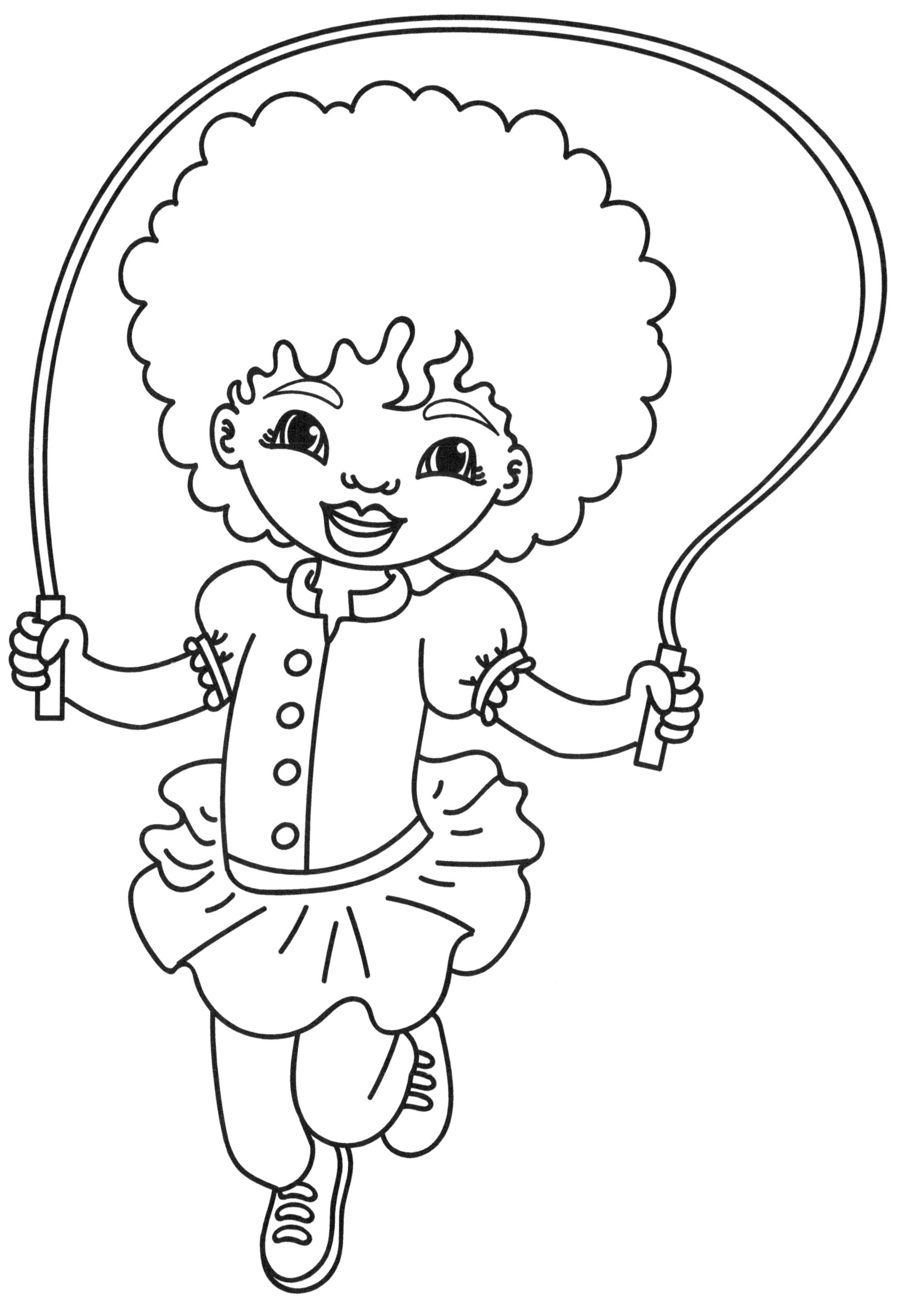

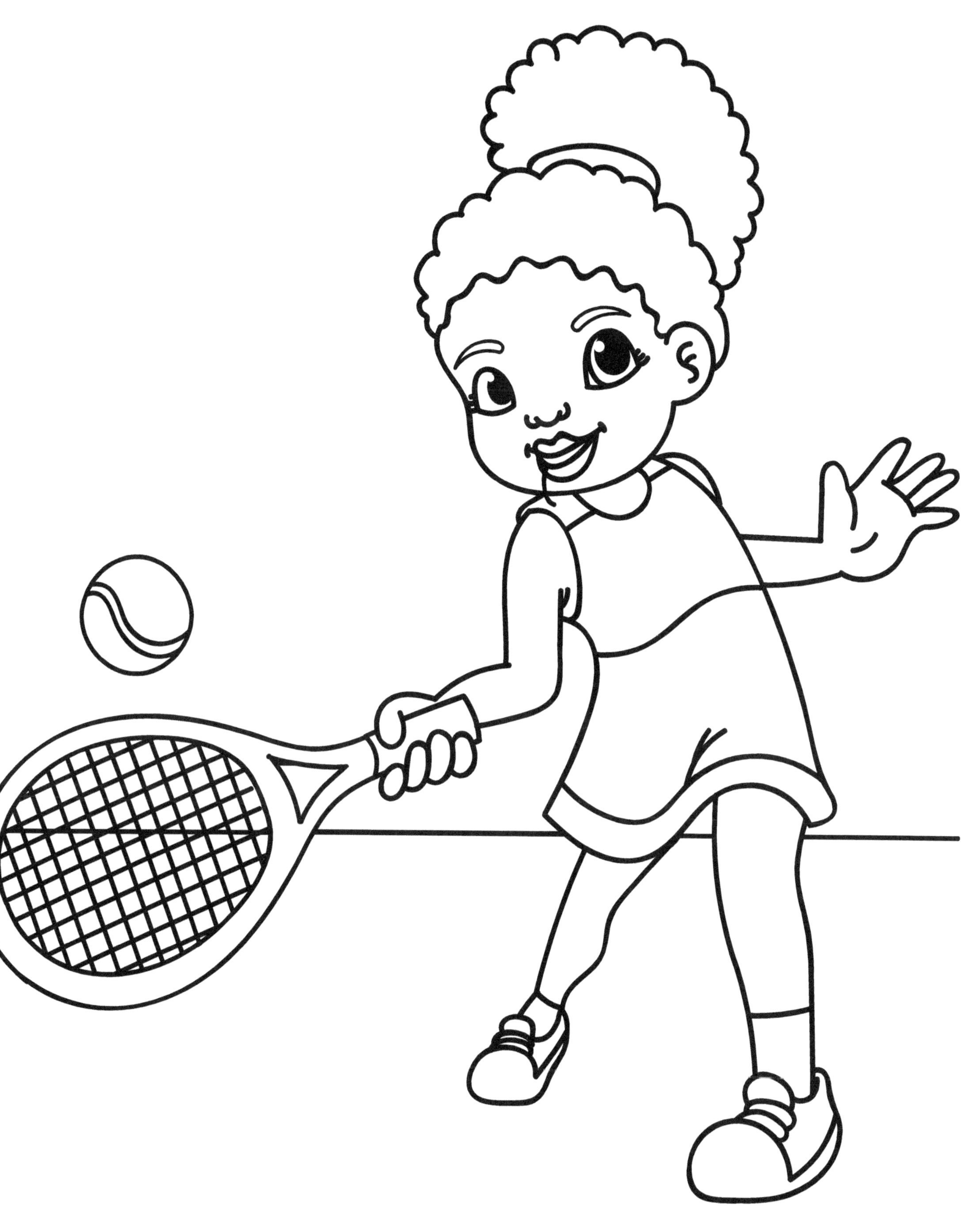

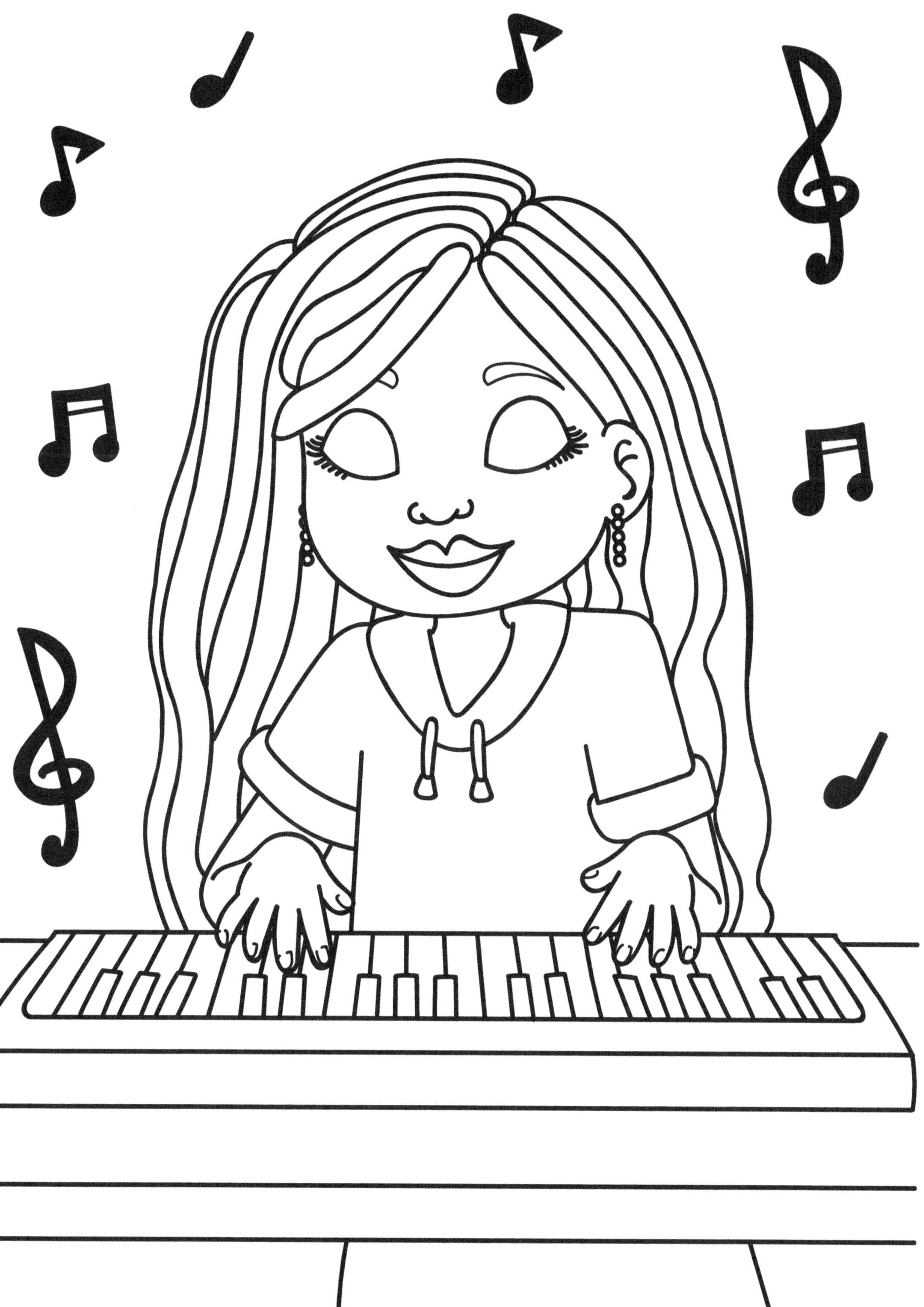

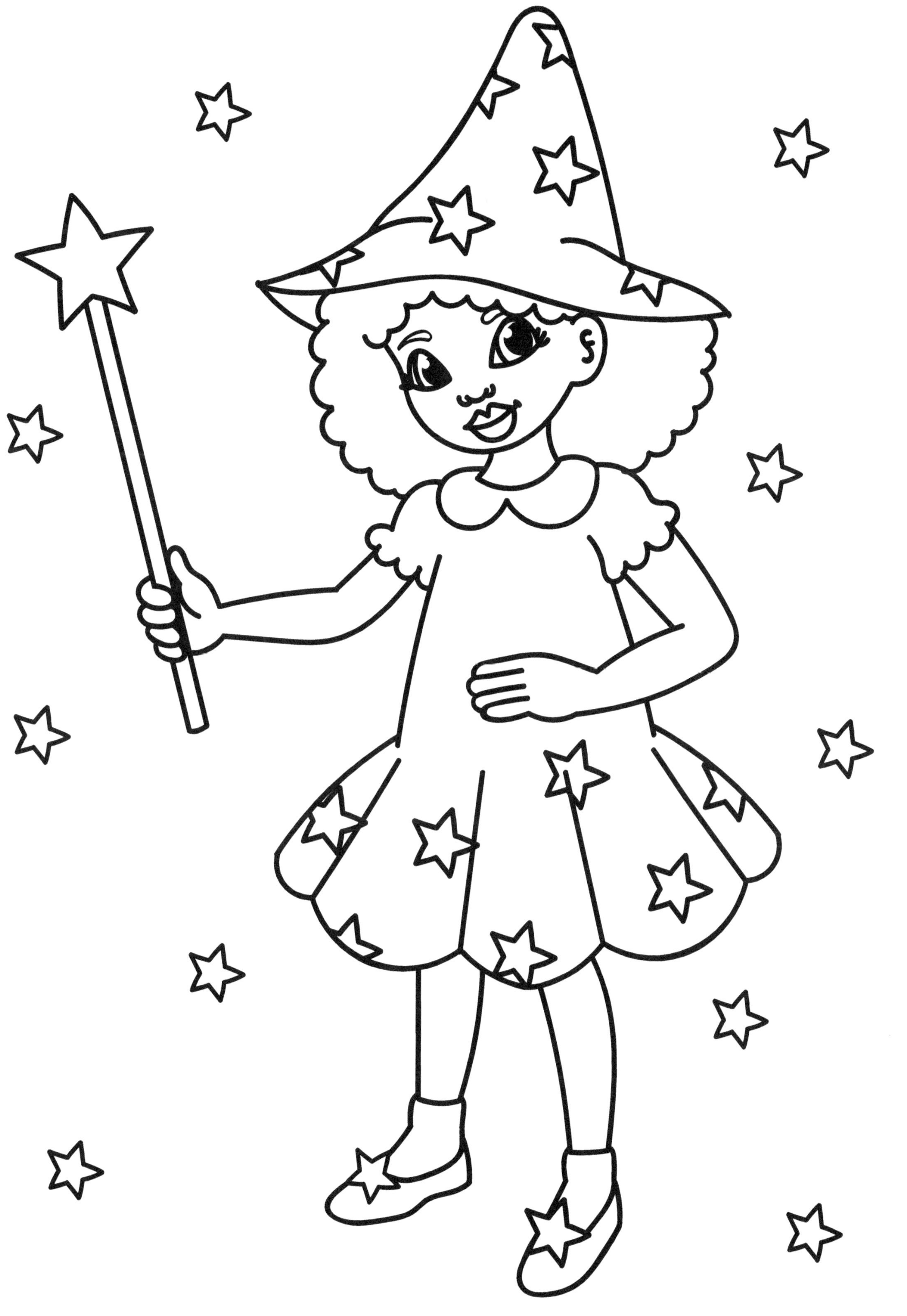

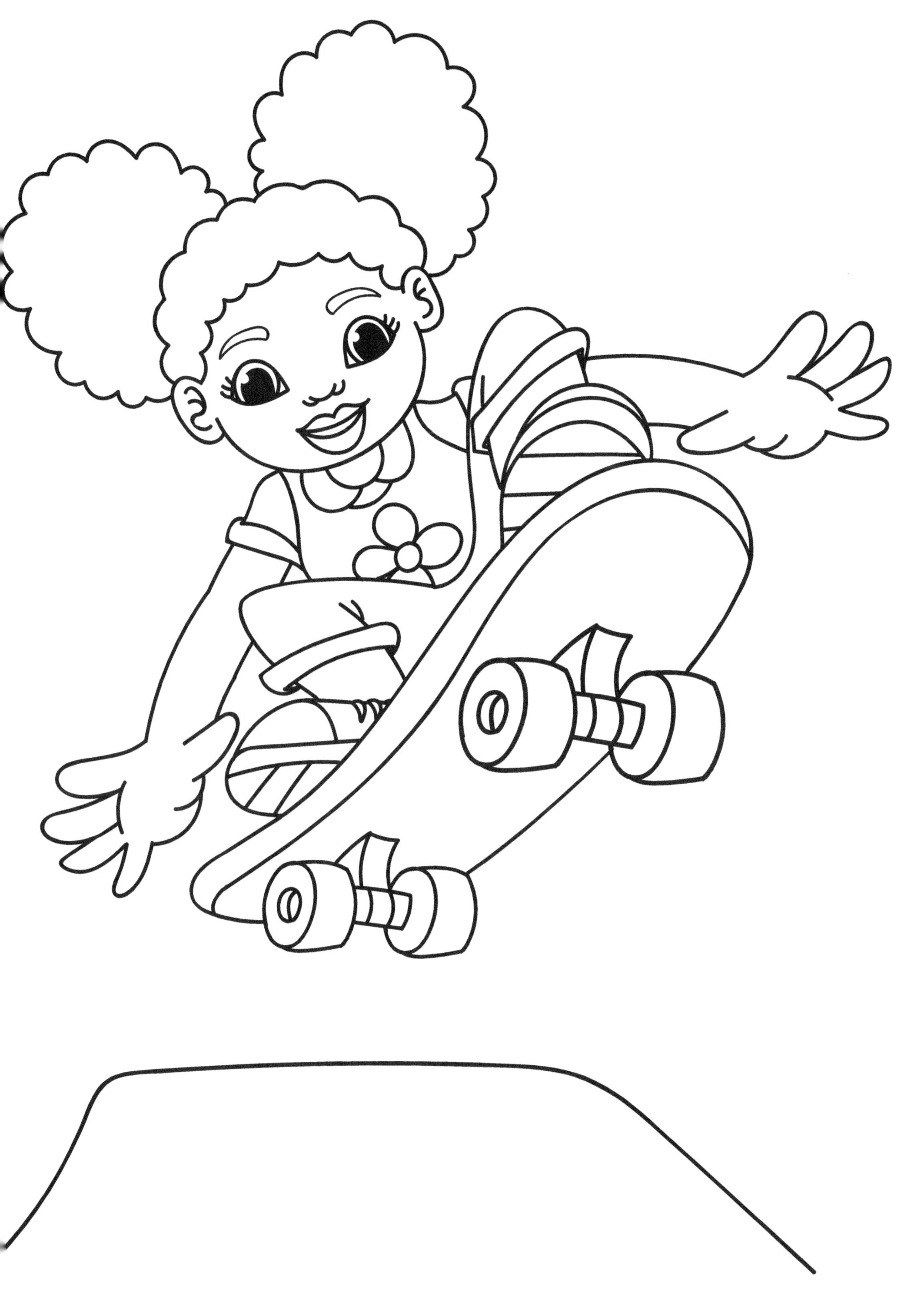

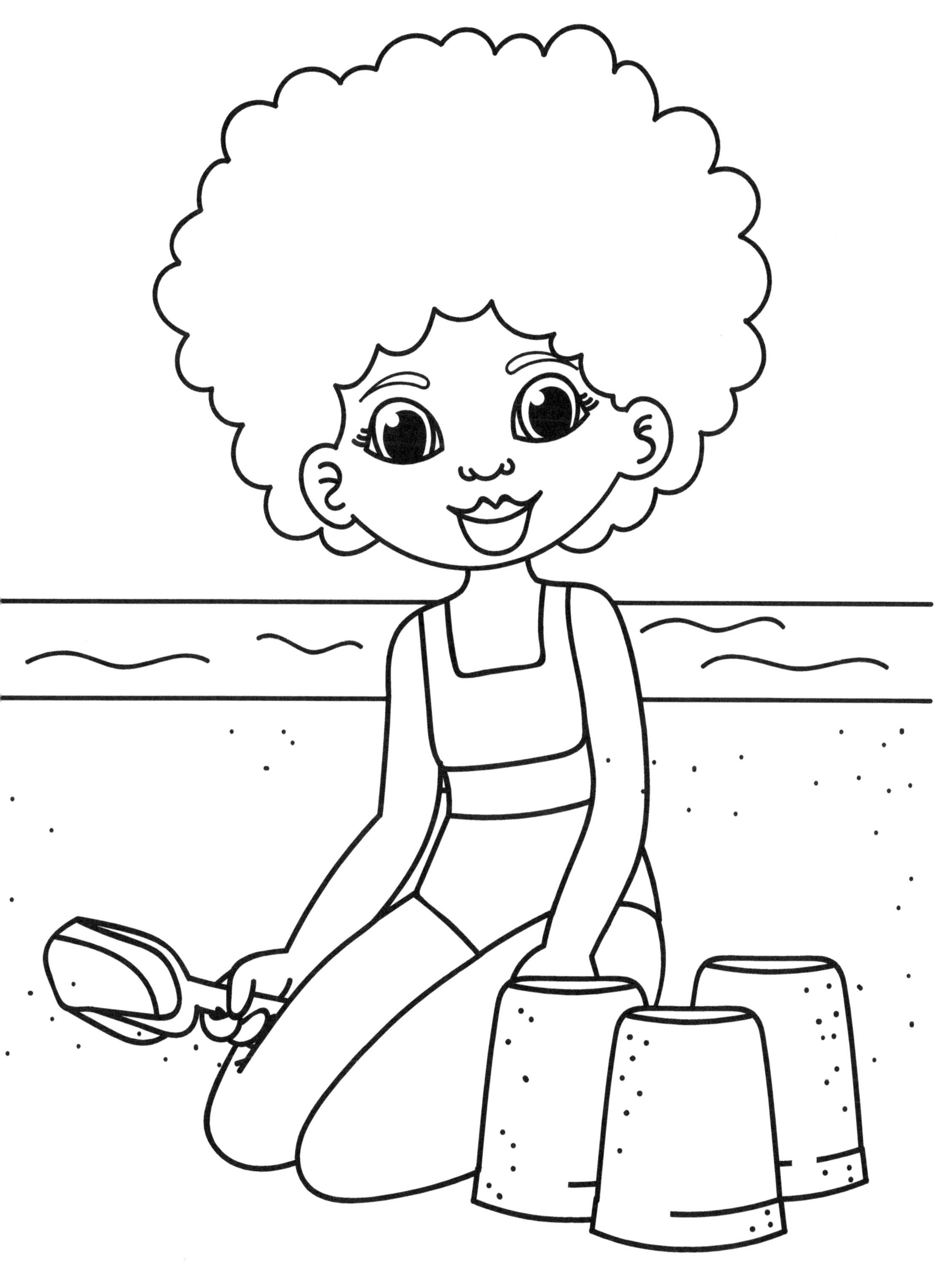

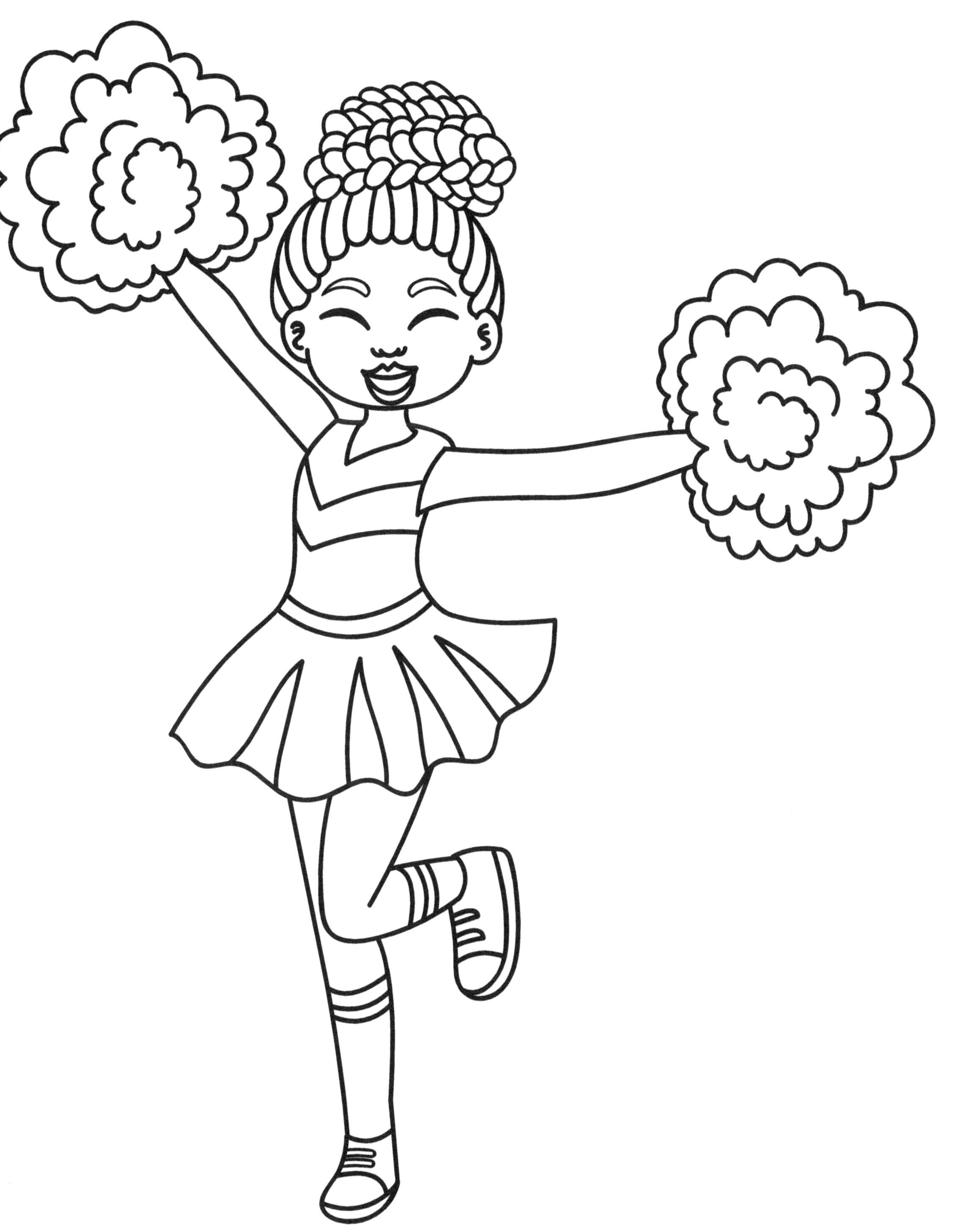

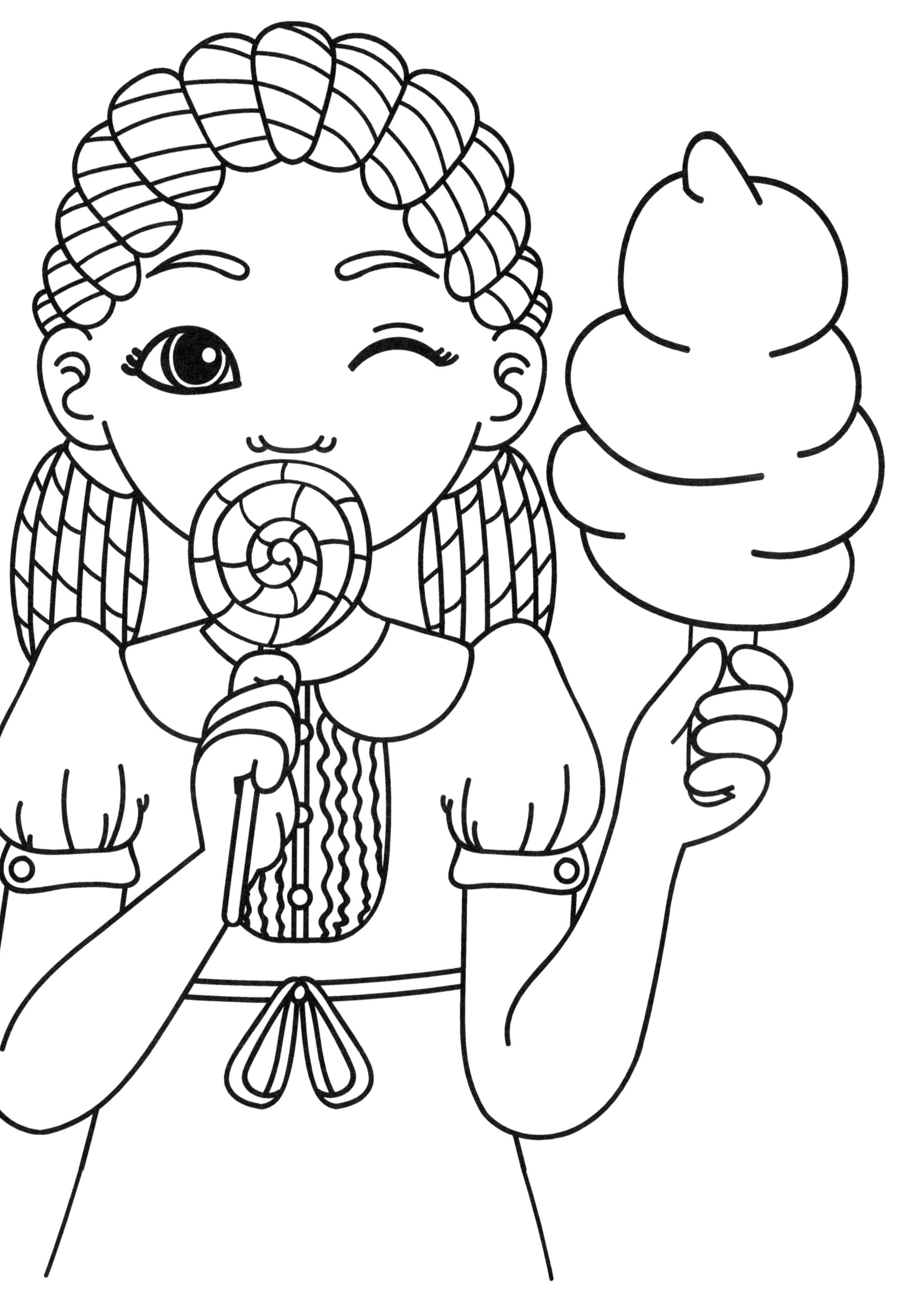

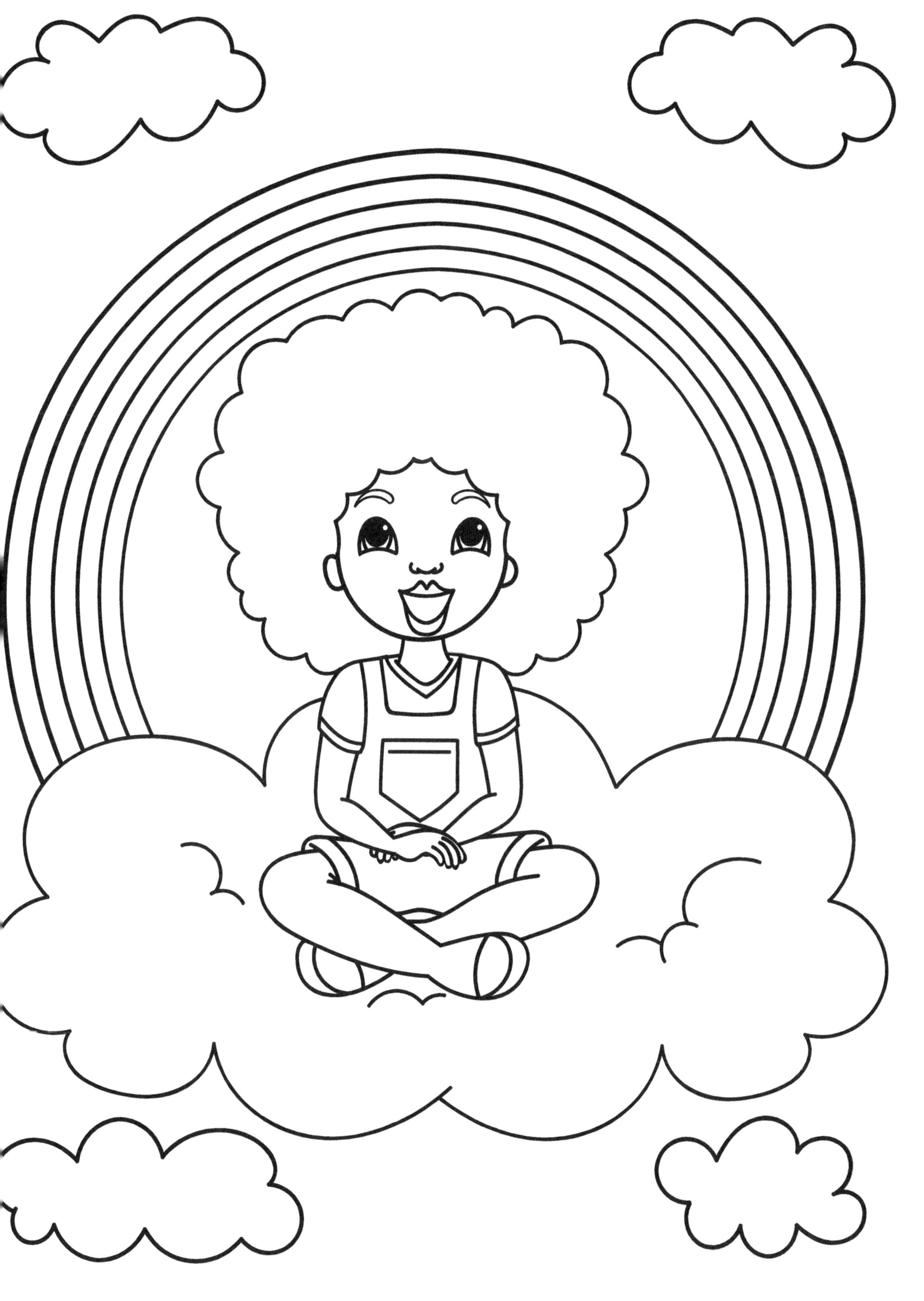

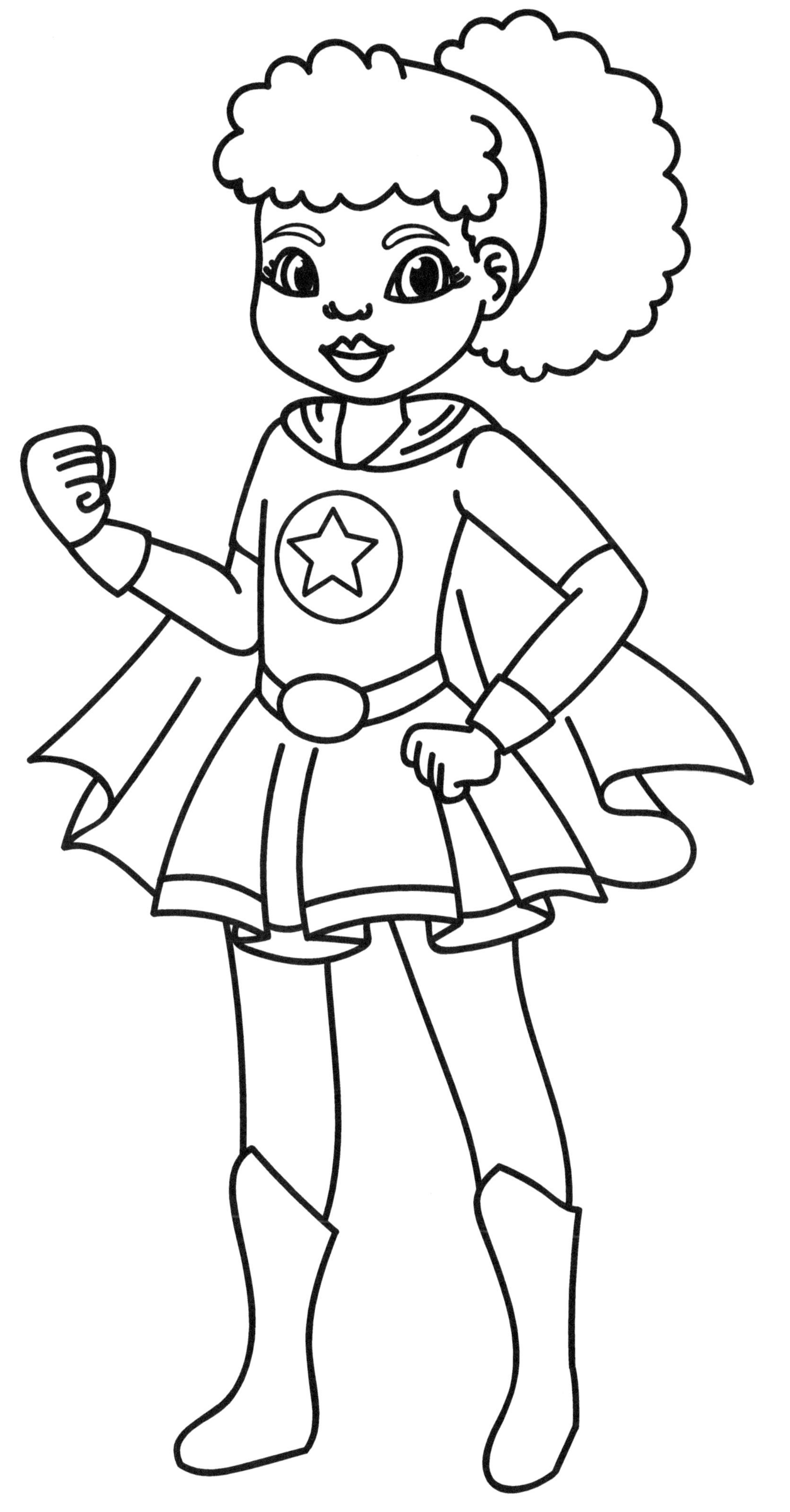

...ON A PASSÉ DES MOMENTS TRÈS CHOUETTES ENSEMBLE...

Nous serions très heureux de t'accueillir à nouveau dans un autre livre de coloriage et ce serait fantastique si tu pouvais écrire un avis honnête au sujet de notre produit sur Amazon. Cela ne te prendra qu'une à deux minutes. Pour les petits auteurs comme nous, c'est un geste énorme !

DES QUESTIONS, DES SOUHAITS OU UN AVIS ?

Écris-nous un mail à baldehmarketing@gmail.com

www.ingramcontent.com/pod-product-compliance
Lightning Source LLC
Chambersburg PA
CBHW082003160726
47999CB00008B/2704